Schlechte Therapie, gebrochene Kinder

Wie Überfürsorge und Technologie eine Generation in Angst versetzen

Jennifer R. Greger

Inhalt

Einführung

Was ist mit unseren Kindern passiert?

Es lässt sich nicht leugnen: Etwas stimmt nicht. Wenn Sie Eltern, Lehrer oder jemanden sind, der Zeit mit jungen Menschen verbringt, haben Sie es auch gesehen. Heutzutage kämpfen Kinder mit jedem Jahr auf eine Art und Weise, die scheinbar schwerer zu ignorieren ist. Die unbeschwerten Momente, die einst die Kindheit prägten, verblassen und werden durch eine schwerere, ängstliche Realität ersetzt.

Dies ist nicht nur eine vorübergehende Phase. Es ist real und weit verbreitet. Auf der ganzen Welt nehmen Angstzustände, Depressionen und andere psychische Probleme bei Kindern und Jugendlichen alarmierend zu. Allein in den USA zeigen Berichte, dass die Zahl der Jugendlichen, die an schweren Depressionen leiden, seit 2007 um über 50 % gestiegen ist. In Notaufnahmen werden mehr Kinder als je zuvor behandelt, die mit Selbstverletzung, Selbstmordgedanken und psychischen Krisen zu kämpfen haben.

Nehmen Sie Emily, eine 14-Jährige, die einst gerne zeichnete und mit ihrem Hund spielte. In nur einem Jahr entwickelte sie sich von einem fröhlichen, geselligen Teenager zu jemandem, der verloren und distanziert wirkte. Ihre Noten verschlechterten sich, sie redete nicht mehr mit ihren Freunden und klagte über ständige Kopf- und Bauchschmerzen. Ihre Eltern dachten, es sei eine Phase, bis sie eines Nachts zusammenbrach und sagte: „Ich fühle mich gebrochen und weiß nicht warum."

Oder schauen Sie sich Jordan an, einen Zehnjährigen, der seine Eltern immer an flehte, ihn in den Park mitzunehmen. Jetzt verbringt er Stunden damit, Videospiele zu spielen und weigert sich, sein Zimmer zu verlassen. Als seine Mutter versuchte, seine Zeit vor dem Bildschirm zu begrenzen, schlug er um sich und schrie: „Das verstehst du nicht!" „Das ist das Einzige, was mir ein gutes Gefühl gibt!" Diese Geschichten sind keine Einzelfälle. Sie treten immer häufiger auf und sind ein klares Zeichen dafür, dass wir uns mit den aktuellen Problemen befassen müssen.

Als jemand, der eng mit Eltern zusammengearbeitet hat, kann ich Ihnen Folgendes sagen: Bei diesen Kämpfen geht es nicht nur um die Kinder. Sie spiegeln ein größeres Problem wider, das unsere Aufmerksamkeit erfordert. Es ist an der Zeit, dass wir uns der Wahrheit über den Druck, unter dem unsere Kinder stehen, stellen und ihnen helfen, damit klarzukommen.

Wie sind wir hierher gekommen?

In der Kindheit hat sich etwas Grundlegendes verändert, und zwar nicht zum Besseren. Die Umgebungen, in denen Kinder heute aufwachsen, unterscheiden sich deutlich von denen noch vor einer Generation. Die Technologie hat sich in jeden Winkel ihres Lebens eingeschlichen und sie Belastungen und Vergleichen ausgesetzt, mit denen kein Kind jemals zurechtkommen sollte. Gleichzeitig hat sich die Erziehung verändert. Was früher ein Gleichgewicht zwischen Struktur und Freiheit war, hat sich zu einem überaus wachsamen Stil entwickelt, der Kindern das Gefühl gibt, erdrückt oder unvorbereitet zu sein, um die unvermeidlichen Herausforderungen des Lebens zu meistern.

Was passiert, betrifft nicht nur einzelne Kinder – es verändert die Kindheit selbst. Wir erziehen eine Generation, die gestresster, isolierter und traurigerweise weniger darauf vorbereitet ist, wieder auf die Beine zu kommen, wenn etwas schiefgeht.

Reden wir über Daten, denn die Zahlen zeichnen ein krasses Bild.

- Die National Institutes of Health berichten, dass fast jeder dritte Jugendliche im Alter von 13 bis 18 Jahren an einer Erkrankung leidet **Angststörung** Irgendwann.
- Unter den Oberstufenschülern geben über 40 % an **Ich fühle mich so traurig oder hoffnungslos** im

vergangenen Jahr für mindestens zwei Wochen ihre gewohnten Aktivitäten eingestellt haben.

- **Selbstmord** ist mittlerweile die zweithäufigste Todesursache bei Kindern und Jugendlichen im Alter von 10 bis 19 Jahren.

Und es sind nicht nur Teenager. Jüngere Kinder – Kinder im Grundschulalter – zeigen Anzeichen von chronischem Stress, emotionaler Erschöpfung und sogar Burnout-Symptomen.

Die neue Kindheitserfahrung

Was würden Sie sehen, wenn Sie in das Leben eines durchschnittlichen Kindes von heute eintreten würden?

Sie können sehen, wie ein 9-Jähriger durch den Wecker aufwacht, sein Frühstück hetzt und sich direkt auf den Weg zur Schule macht, wo er stundenlang unter schulischem Druck steht. Nach der Schule haben sie einen vollen Terminkalender – Klavierunterricht, Fußballtraining oder vielleicht Nachhilfe. Als sie zu Hause ankommen, sind sie erschöpft. Doch anstatt sich zu entspannen, scrollen sie durch die sozialen Medien und werden mit Bildern von „perfekten" Leben bombardiert, die ihnen das Gefühl geben, klein zu sein.

Für viele Kinder besteht ihre Auszeit aus der Zeit vor dem Bildschirm. Hier knüpfen sie Kontakte zu Freunden, stoßen aber auch auf Cybermobbing, unrealistische Sicherheitsstandards und das ständige Bedürfnis, Leistung zu erbringen oder ihren Wert zu beweisen. Das ist nicht die Kindheit, an die wir uns erinnern. Spielplätze sind leerer. Familienessen sind seltener. Kinder sind einsamer denn je.

Dieser Druck führt dazu, dass Kinder emotional ausgelaugt sind. Sie verlieren die Fähigkeit, einfach Kinder zu sein – Fehler zu machen, Risiken einzugehen und ohne Angst vor einem Urteil zu lernen. Sie bewegen sich in einer Welt, in der sich Erfolg wie die einzige Option anfühlt und das Scheitern katastrophal ist. Das Ergebnis? Kinder wie Emily und Jordan, die die Last des Erwachsenen Stresses auf den Schultern tragen, die dafür nicht bereit sind.

Wenn sich dieser Trend fortsetzt, laufen wir Gefahr, eine Generation großzuziehen, die Schwierigkeiten hat, mit der Welt um sie herum klarzukommen. Aus diesen Kindern werden Erwachsene, die ängstlicher, unverbundener und weniger belastbar sind. Wir sind es ihnen – und uns selbst – schuldig, zu verstehen, was passiert und warum. Nur dann können wir beginnen, die Dinge besser zu machen.

Dies ist ein Weckruf, eine Erinnerung daran, dass wir die Zeichen nicht länger ignorieren können. Es ist an der Zeit, genau hinzuschauen, was mit unseren Kindern passiert, damit wir beginnen können, die Geschichte zu ändern.

Wir möchten, dass Sie beim Lesen dieses Buchs mehr als nur Ideen und Erkenntnisse erhalten – wir möchten, dass Sie ein Werkzeug haben, das Sie verwenden können. Aus diesem Grund haben wir eine eingefügt **Selbst Pflegeplaner für Eltern** als **besonderes kostenloses**

Geschenk am Ende dieses Buches eingefügt. Es soll Ihnen dabei helfen, den nächsten Schritt zu gehen, Ihrem Wohlbefinden Priorität einzuräumen und gleichzeitig die Herausforderungen der Elternschaft zu meistern.

Teil 1

Die Krise verstehen

Jennifer R. Greger

Kapitel 1

Das Sicherheitsnetz, das zur Falle wurde

Stellen Sie sich Folgendes vor: Eine Mutter sitzt am Rande des Klavierunterrichts ihrer Tochter, das Tablet in der Hand, und zeichnet jeden Tastendruck auf. Der Lehrer bittet das Mädchen, ein kniffliges neues Stück auszuprobieren. Das Mädchen zögert, ihre Finger schweben über den Tasten und weiß nicht, wie sie anfangen soll. Bevor die Lehrerin ein Wort sagen kann, beugt sich die Mutter vor. „Beginnen Sie mit der rechten Hand. Denken Sie daran, wie wir letzte Nacht geübt haben", sagt sie mit drängender Stimme. Das Mädchen nickt, blickt aber zu ihrer Mutter statt zu ihrer Lehrerin und wartet auf weitere Führung.

Es ist ein kleiner Moment, geboren aus Liebe und dem Wunsch zu helfen. Aber es ist auch Teil eines größeren Musters moderner Elternschaft – der Tendenz, zu schnell einzugreifen und Kinder aus Schwierigkeiten zu retten, anstatt sie damit arbeiten zu lassen. Die Mutter meint es gut, aber indem sie die Kontrolle übernimmt, sendet sie ungewollt eine Botschaft: Ohne mich schaffst du das nicht.

Denken Sie jetzt an die 1980er oder 1990er Jahre zurück. Ein Kind nimmt möglicherweise alleine an einer Klavierstunde teil und wird von einem Elternteil begleitet, der darauf vertraut, dass der Lehrer den Prozess leitet. Wenn das Kind vor einem schwierigen Stück stand, stolperte es, experimentierte und machte gelegentlich einen Fehler – ohne dass die Eltern sich beeilten, einzugreifen. Fehler waren Teil des Lernprozesses und ihre Überwindung stärkte das Selbstvertrauen.

Heute sieht die Kindheit ganz anders aus. Elternschaft hat sich von der Anleitung zur ständigen Aufsicht verlagert. Jede Aktivität wird geplant, überwacht und ausgewertet. Das freie Spiel wurde durch organisierten Sport, betreute Spieltermine und bereichernde Kurse ersetzt. Der Instinkt, sich zu schützen und für Erfolg zu sorgen, ist natürlich, aber dieses übermäßige Engagement raubt Kindern die Chance, Mut, Geduld und die Fähigkeit zu entwickeln, Herausforderungen alleine anzugehen.

Der Satz „Es ist zu ihrem eigenen Besten" ist zu einem Mantra geworden, aber die unbeabsichtigten Konsequenzen häufen sich. Das ist ein starker Kontrast zu früheren Generationen, wo der „hands-off"-Ansatz keine Vernachlässigung war, sondern ein bewusstes Vertrauen in die Fähigkeit der Kinder, durch Versuch und Irrtum zu lernen und zu wachsen.

Helikopterflug und Rasenmähen

In Diskussionen über moderne Elternschaft tauchen häufig zwei Begriffe auf: Helikopter-Elternschaft und Rasenmäher-Elternschaft. Diese Begriffe mögen übertrieben klingen, aber sie spiegeln perfekt die Essenz überfürsorglicher Erziehungsstile wider, die in der heutigen Welt immer häufiger vorkommen.

Helikopter-Erziehung Es geht darum, über Kindern zu schweben, um ihren Erfolg und ihre Sicherheit zu gewährleisten. Helikopter-Eltern haben ein wachsames Auge und sind bereit, beim ersten Anzeichen von Ärger einzugreifen – sei es die Korrektur eines Schulprojekts, die Erinnerung eines Kindes daran, sein Mittagessen zur Schule mitzubringen, oder die Schlichtung eines kleinen Streits zwischen Freunden. Die Absicht ist schützend, aber das Ergebnis ist erdrückend. Kinder, die in diesem Umfeld aufwachsen, verpassen oft die Möglichkeit, unabhängig zu denken oder Probleme selbst zu lösen, weil ein Elternteil immer da ist, um einzuspringen.

Rasenmäher-Erziehung Geht dagegen noch einen Schritt weiter. Dabei geht es nicht nur ums Schweben, sondern darum, den Weg potenzieller Hindernisse aktiv zu räumen, bevor das Kind überhaupt auf sie stößt. Diese Eltern machen das Leben ihrer Kinder so reibungslos wie möglich, indem sie einem Lehrer eine E-Mail über eine ungerechtfertigte Note schicken, eingreifen, um Streitigkeiten auf dem Spielplatz beizulegen, oder die Verantwortung eines Kindes übernehmen – wie zum

Beispiel ein vergessenes wissenschaftliches Projekt fertigzustellen oder einen Trainer anzurufen, um über mehr Spielen zu verhandeln Zeit.

Auf den ersten Blick wirken diese Ansätze nachdenklich und liebevoll. Welcher Elternteil möchte nicht dafür sorgen, dass sein Kind glücklich und erfolgreich ist? Doch die langfristigen Auswirkungen dieser ständigen Intervention können zutiefst kontraproduktiv sein.

Lassen Sie uns die Klavierstunde noch einmal Revue passieren lassen. Stellen Sie sich das gleiche Kind von früher vor, jetzt ein Teenager. Diesmal handelt es sich nicht um ein kniffliges Klavierstück, sondern um eine nicht bestandene Mathe-Prüfung. Anstatt darüber nachzudenken, was schiefgelaufen ist, oder Hilfe zu suchen, könnte der Teenager sich an seine Eltern wenden, um das Problem zu beheben – und sie vielleicht darum bitten, dem Lehrer eine E-Mail zu schicken oder eine zusätzliche Gutschrift zu beantragen. Oder stellen Sie sich vor, dass das Kind einen sozialen Rückschlag verkraftet, etwa einen Streit mit einem engen Freund. Ein Rasenmäher-Elternteil könnte eingreifen, um zu vermitteln, oder sogar den Elternteil des anderen Kindes anrufen, um die Sache zu glätten. Obwohl diese Aktionen gut gemeint sind, senden sie eine schädliche Botschaft: Sie sind nicht in der Lage, dies alleine zu bewältigen.

Wenn Kinder ohne Unbehagen aufwachsen, fehlt ihnen oft das Selbstvertrauen und die Fähigkeiten, selbst kleinere Herausforderungen zu meistern. Sie vermeiden möglicherweise das Eingehen von Risiken aus Angst vor dem Scheitern, haben Schwierigkeiten bei der Entscheidungsfindung und fühlen sich angesichts der Unsicherheit wie gelähmt.

Untersuchungen zeigen immer wieder, dass überbehütete Kinder häufiger unter Ängsten und einem geringen Selbstwertgefühl leiden. Wenn jede Schwierigkeit präventiv gelöst oder geglättet wird, haben Kinder nicht die Chance, die emotionale Widerstandsfähigkeit aufzubauen, die sie brauchen, um mit den unvermeidlichen Höhen und Tiefen des Lebens zurechtzukommen. Diese „emotionalen Muskeln" entwickeln sich durch Erfahrung – indem man hinfällt und lernt, wieder aufzustehen.

Kinder, die in Umgebungen mit Hubschraubern oder Rasenmähern aufwachsen, entwickeln möglicherweise Versagensängste. Wenn Eltern ständig eingreifen, um den Erfolg sicherzustellen, wird Misserfolg zu etwas, vor dem man Angst haben muss, und nicht zu einem natürlichen Teil des Wachstums. Mit der Zeit kann diese Angst schwächer werden und zum Vermeidungsverhalten und zur Unfähigkeit führen, Herausforderungen zu meistern.

Die Ironie liegt darin, dass die Elternschaft im Helikopter- und Rasenmäher Alltag aus Liebe entsteht – dem tiefen Wunsch, Kinder glücklich, erfolgreich und sicher zu sein. Doch durch übermäßiges Management rauben Eltern ihren Kindern unbeabsichtigt genau die Werkzeuge, die sie brauchen, um in der Welt erfolgreich zu sein: Unabhängigkeit, Fähigkeiten zur Problemlösung und emotionale Belastbarkeit.

Für Eltern ist es selbstverständlich, dass sie ihre Kinder vor Schmerzen schützen möchten. Es kann herzzerreißend sein, einem Kind beim Kämpfen zuzusehen. Aber die Rolle eines Elternteils besteht nicht darin, alle Schwierigkeiten zu beseitigen – sie besteht vielmehr darin, Kinder darauf vorzubereiten, mit Schwierigkeiten umzugehen. Ein aufgeschürftes Knie lehrt ein Kind, beim nächsten Mal vorsichtiger zu sein. Ein nicht bestandener Test zeigt, wie wertvoll Vorbereitung und Anstrengung sind. Eine verlorene Freundschaft lehrt Empathie, Vergebung und Grenzen.

Über Erziehung verweigert Kindern diese wichtigen Lektionen fürs Leben. Es schafft ein fragiles Sicherheitsgefühl, das zusammenbricht, wenn unweigerlich Herausforderungen in der realen Welt auftauchen. Kinder, die in solchen Umgebungen aufwachsen, können zu Erwachsenen werden, die ständig nach Sicherheit suchen, Schwierigkeiten haben, Entscheidungen zu treffen, oder sich von Verantwortung überfordert fühlen.

Der endlose Druck auf Excel

Bei übermäßiger Elternschaft geht es nicht nur um körperliche Sicherheit, sondern auch um akademischen und sozialen Erfolg. Heutzutage verspüren Eltern oft einen enormen Druck, dafür zu sorgen, dass ihre Kinder „die Nase vorn" haben. Dies kann bedeuten, Kleinkinder in

Sprachkurse einzuschreiben, Grundschüler für die SAT-Vorbereitung anzumelden oder jeden Aspekt des Stundenplans eines Kindes sorgfältig zu kuratieren, um seine Zukunftschancen zu maximieren.

Die Botschaft, die Kinder erhalten, ist klar: Exzellenz wird nicht nur gefördert – sie wird erwartet. Aber wenn jeder Moment auf Erfolg ausgerichtet ist, verlieren Kinder die Chance, einfach nur da zu sein. Dieser Druck kann bereits bei kleinen Kindern zu einem Burnout führen. Es vermittelt auch die Botschaft, dass ihr Wert von ihren Leistungen abhängt, was verheerend sein kann, wenn sie unweigerlich straucheln.

Denken Sie an eine Zeit, in der Sie versucht haben, Ihr Kind vor einer schwierigen Situation zu schützen. Vielleicht haben Sie sich in einen Streit auf dem Spielplatz eingemischt, dem Lehrer eine E-Mail über eine schlechte Note geschickt oder ihn davon abgehalten, etwas Riskantes zu versuchen. Was war Ihr Ziel? Wahrscheinlich, um sie vor Schmerzen oder Versagen zu schützen. Aber was hätten sie vielleicht gelernt, wenn Sie zurückgetreten wären?

Kinder lernen Resilienz, indem sie die Unebenheiten und blauen Flecken des Lebens erleben – nicht nur die physischen, sondern auch die emotionalen und sozialen. Sie müssen wissen, dass es in Ordnung ist, zu fallen, enttäuscht zu sein und es noch einmal zu versuchen.

Warum hat sich die Elternschaft so sehr verändert? Es gibt keine allgemeingültige Antwort, aber mehrere Faktoren haben eine Rolle gespielt:

1. Der Aufstieg der Sicherheitskultur

Der 24-Stunden-Nachrichtenzyklus hat alle Eltern auf mögliche Gefahren aufmerksam gemacht. Geschichten über Kindesentführungen oder Unfälle bleiben uns im Gedächtnis haften, auch wenn diese Ereignisse statistisch gesehen selten sind.

2. Erhöhter Wettbewerb

Hochschulzulassungen, Arbeitsmärkte und sogar der soziale Status sind wettbewerbsintensiver als je zuvor. Viele Eltern fühlen sich verpflichtet, ihren Kindern jeden möglichen Vorteil zu verschaffen.

3. Technologie

Paradoxerweise haben dieselben Tools, die es uns ermöglichen, jederzeit mit unseren Kindern verbunden zu sein (Smartphones, GPS-Tracker), auch unsere Tendenz, ihr Leben bis ins kleinste Detail zu verwalten, verstärkt.

4. Elternangst

Moderne Elternschaft bringt oft ihre eigenen Ängste mit sich. Tue ich genug? Mache ich es richtig? Diese Angst kann dazu führen, dass Eltern überkompensieren, selbst wenn ihr Instinkt sie dazu auffordert, einen Schritt zurückzutreten.

Es ist nicht leicht, loszulassen. Es kann unerträglich sein, Ihrem Kind beim Kämpfen zuzusehen. Aber ihnen zu erlauben, sich Herausforderungen zu stellen – und manchmal auch zu scheitern – ist eines der größten Geschenke, die Sie ihnen machen können. Kinder brauchen Raum zum Experimentieren, zum Fehlermachen und zum Wachsen.

Übererziehung hat trotz all ihrer guten Absichten eine Falle geschaffen. Es ist an der Zeit, uns einige schwierige Fragen zu stellen: Helfen wir unseren Kindern oder halten wir sie zurück? Geben wir ihnen Werkzeuge zur Unabhängigkeit oder halten wir sie an unsere Sicherheitsnetze gebunden?

Die Antworten sind nicht einfach, aber es lohnt sich, sie zu erforschen. Denn letztendlich besteht unsere Aufgabe nicht darin, alle Hindernisse aus dem Weg unserer Kinder zu beseitigen. Es soll ihnen helfen, die Kraft aufzubauen, diese Wege selbst zu beschreiten.

Jennifer R. Greger

Kapitel 2

Der digitale Babysitter

Eine 14-jährige namens Emma wacht mit dem sanften Leuchten ihres Smartphones auf. Ohne überhaupt aufzustehen, nimmt sie es in die Hand und beginnt, durch TikTok zu scrollen. Ihre Benachrichtigungen sind bereits mit Instagram-Likes, Snapchat-Streaks und Nachrichten von Freunden gefüllt. Für Emma beginnt ihr Tag einfach so – routinemäßig, vertraut und fast automatisch. Ihr Telefon ist nicht nur ein Gerät; es ist ihr Fenster zur Welt, in dem jedes Like, jeder Kommentar und jede Nachricht ein Gefühl der Verbundenheit und Bestätigung vermittelt.

Doch als Emma zur Schule kommt, fühlt sie sich erschöpft. In ihrem Kopf wimmelt es von Posts, Likes und Antworten. Sie kann nicht aufhören, sich mit den Influencern zu vergleichen, denen sie folgt – die perfekten Outfits, das mühelose Lächeln, die makellose Haut. Sogar während des Unterrichts brennt es ihr in den Fingern, auf ihr Telefon zu schauen, abgelenkt von der Anziehungskraft eines endlosen Feeds. Zur Mittagszeit sitzt sie bei ihren Freunden, aber die Hälfte der Gruppe starrt auf ihre Bildschirme und interagiert kaum miteinander.

Nach der Schule geht der Zyklus weiter. Stunden verschwinden, während Emma durch Videos scrollt und Nachrichten sendet. Die Hausaufgaben sind überwältigend, weil ihr Geist fragmentiert ist – halb in der realen Welt, halb in der digitalen Welt. Als es Zeit zum Schlafengehen ist, klebt sie immer noch an ihrem Telefon, und als sie schließlich einschläft, ist der Schlaf oberflächlich und unruhig.

Die Mechanismen der Sucht

Emmas Geschichte spiegelt wider, was viele Kinder heute erleben. Social-Media-Plattformen sind darauf ausgelegt, die Nutzer fesseln zu lassen, indem sie sie mit endlosen Scrollen, zielgerichteter Werbung und Dopamin-Hits durch Likes und Shares anlocken. Algorithmen zeigen Ihnen nicht nur, was Sie wollen; Sie sagen voraus, was Sie länger online halten wird.

Für Kinder wie Emma entsteht dadurch eine Schleife, die schwer zu durchbrechen ist. Jede Benachrichtigung löst eine kleine Freisetzung von Dopamin aus – dem Belohnungsstoff des Gehirns. Im Laufe der Zeit verdrahtet diese ständige Stimulation das Gehirn neu und macht es schwieriger, sich zu konzentrieren, Emotionen zu regulieren oder zufrieden zu sein, ohne die Hektik der digitalen Interaktion.

Sogar Gaming, ein weiterer beliebter digitaler Fluchtweg, folgt ähnlichen Mustern. Spiele belohnen Spieler mit Erfolgen, virtuellen Preisen und

Fortschrittsbalken, die das Belohnungssystem des Gehirns nutzen. Diese Mechanismen sind kein Zufall; Sie sind so konzipiert, dass Kinder manchmal stundenlang spielen können.

Psychische Gesundheit im digitalen Zeitalter

Die Auswirkungen einer ständigen Bildschirmbeleuchtung sind tiefgreifend. Studien zeigen, dass die übermäßige Nutzung sozialer Medien bei Teenagern mit einem höheren Risiko für Angstzustände und Depressionen verbunden ist. Warum? Zum einen kann der ständige Vergleich mit kuratierten Online-Personen das Selbstwertgefühl untergraben. Kinder sehen nur die Höhepunkte im Leben anderer und fragen sich, warum sich ihr eigenes Leben so gewöhnlich anfühlt.

Soziale Medien verstärken auch den sozialen Druck. In der Vergangenheit endeten Konflikte unter Gleichaltrigen möglicherweise in der Schule. Jetzt verfolgen sie Kinder über Bildschirme nach Hause. Cybermobbing, Ausgrenzung und die Angst, etwas zu verpassen (FOMO), verstärken den Stress.

Darüber hinaus stören Bildschirme den Schlafrhythmus. Das von Telefonen und Tablets ausgestrahlte blaue Licht stört die Melatoninproduktion und erschwert das Einschlafen. Schlechter Schlaf wiederum verschlimmert psychische Probleme und führt zu einem Teufelskreis.

Ein weiterer Nachteil der Bildschirmzeit ist die persönliche Interaktion. Wenn Kinder mehr Zeit online verbringen als sich auf reale Beziehungen einzulassen, verpassen sie Gelegenheiten, wichtige soziale Fähigkeiten wie Empathie, aktives Zuhören und Konfliktlösung zu entwickeln.

Gönnen Sie sich Emmas Mittagspause. Während sie mit Freunden zusammensitzt, ist sie körperlich anwesend, aber geistig woanders, vertieft in ihr Telefon. Dieser Mangel an echter Verbindung schmälert ihre Fähigkeit, sich sinnvoll zu engagieren. Mit der Zeit fällt es ihr möglicherweise schwer, soziale Signale zu erkennen oder zwischenmenschliche Konflikte zu bewältigen – ein Problem, das mit zunehmendem Alter immer offensichtlicher wird.

Für viele Kinder bieten Bildschirme einen Ausweg – eine Möglichkeit, Stress oder Langeweile auszublenden. Doch diese Flucht hat oft ihren Preis. Anstatt auf ihre Emotionen einzugehen, lenken sich Kinder ab und vermeiden so die Unannehmlichkeiten der Selbstreflexion oder Problemlösung.

Emmas Abendroutine unterstreicht dies. Anstatt ihre Hausaufgaben zu erledigen oder über ihren Tag nachzudenken, verliert sie sich in ihrem Telefon. Je mehr sie ihren Pflichten aus dem Weg geht, desto mehr häufen sich diese und erhöhen ihren Stress.

Bildschirme und soziale Medien sind zu stillen Störfaktoren geworden und verändern die Art und Weise, wie Kinder denken, fühlen und Kontakte knüpfen. Sie versprechen Unterhaltung, Verbindung und Ablenkung, doch ihre langfristige Wirkung kann alles andere als harmlos sein.

Für Kinder wie Emma fühlt sich die digitale Welt unausweichlich an – eine ständige Präsenz, die ihre Aufmerksamkeit fordert und ihre geistige Energie zehrt. Wenn wir diese wachsende Krise bewältigen wollen, müssen wir zunächst verstehen, wie tiefgreifend die Technologie eine ängstliche Generation prägt. Nur dann können wir beginnen, Kinder zu einem gesünderen und ausgeglicheneren Leben zu führen.

Jennifer R. Greger

Kapitel 3

Eine Generation am Rande

Auf den ersten Blick könnte Angst wie eine gelegentliche Sorge oder Stress angesichts der Herausforderungen des Lebens aussehen – etwas, das wir alle schon einmal erlebt haben. Aber für die heutige Generation von Kindern und Jugendlichen hat die Angst ein Eigenleben angenommen. Es geht nicht nur darum, vor einem Test nervös zu sein oder wegen eines großen Spiels gestresst zu sein. Es ist ein anhaltendes, überwältigendes Unbehagen, das jeden Teil ihres Lebens überschattet.

Denken Sie an Sophie, eine High-School-Studentin. Jedes Mal, wenn sie einen überfüllten Flur betritt, spürt sie, wie sich ihre Brust zusammenzieht. Ihr Magen dreht sich vor Präsentationen um, auch wenn sie weiß, dass sie darauf vorbereitet ist. Nachts liegt sie wach, lässt Gespräche noch einmal durchgehen und überlegt, ob sie etwas Falsches gesagt hat. Diese Gefühle verschwinden nicht – sie bleiben bestehen, wachsen und tauchen an Orten auf, an denen sie nicht sein sollten.

Angst ist nichts Neues. Der Mensch hat es schon immer als Teil seines „Kampf-oder-Flucht"-Überlebenssystems erlebt. Das Problem besteht heute darin, dass dieses System, das uns vor Gefahren schützen soll, ständig aktiviert wird. Für Kinder wie Sophie sind die Auslöser keine lebensbedrohlichen Situationen, sondern alltägliche Erfahrungen: soziale Interaktionen, Schularbeiten und die ständigen Anforderungen des modernen Lebens.

Ein Grund dafür, dass Angst so weit verbreitet ist, ist der enorme Druck, dem Kinder ausgesetzt sind. Die akademischen Erwartungen sind in die Höhe geschossen, und viele Schüler spüren die Last, perfekte Noten zu bekommen, in außerschulischen Aktivitäten hervorragende Leistungen zu erbringen und sich auf eine ungewisse Zukunft vorzubereiten. Hinzu kommt der Druck durch soziale Medien, in denen jeder Moment geteilt, beurteilt und verglichen wird, und es ist leicht zu verstehen, warum so viele Kinder das Gefühl haben, auf einer nie endenden Tretmühle voller Stress zu sitzen.

Wie sich Angst zeigt

Angst macht sich nicht immer deutlich bemerkbar. Für manche Kinder sieht es so aus, als ob sie sich ständig Sorgen über Dinge machen, die vielleicht nie passieren würden. Bei anderen zeigt es sich im Körper: Kopfschmerzen, Bauchschmerzen oder Herzrasen.

Verhaltensmäßig kann Angst wie Vermeidung aussehen. Ein Kind könnte sich weigern, zur Schule zu gehen, soziale

Zusammenkünfte meiden oder sich von Aktivitäten zurückziehen, die ihm einst Spaß gemacht haben. Das liegt nicht daran, dass sie faul oder asozial sind, sondern daran, dass ihr Gehirn diese Situationen mit Gefahr in Verbindung gebracht hat, auch wenn die Gefahr nicht real ist.

Bei Teenagern kann sich Angst in Gereiztheit oder Wut äußern. Wenn das Gehirn ständig in Alarmbereitschaft ist, können kleine Frustrationen überwältigend wirken und zu Ausbrüchen oder Stimmungsschwankungen führen.

Viele ängstliche Kinder sind Perfektionisten. Sie setzen unvorstellbar hohe Maßstäbe an sich selbst und brechen unter der Angst zusammen, diese nicht zu erfüllen. Sophie zum Beispiel könnte einen Aufsatz fünfmal umschreiben, nicht weil es Pflicht wäre, sondern weil sie Angst davor hat, dass er alles andere als perfekt sein könnte.

Dieser Perfektionismus wird durch die ständige Feedbackschleife von sozialen Medien, der Schule und sogar wohlmeinenden Erwachsenen angeheizt, die Leistung über Anstrengung freuen. Die Botschaft, die Kinder verinnerlichen, ist klar: Ihr Wert hängt von Ihrem Erfolg ab.

Eine weitere häufige Form der Angst bei der Jugend von heute ist die soziale Angst. Das ist nicht nur Schüchternheit – es ist eine tiefe Angst davor, beurteilt, gedemütigt oder abgelehnt zu werden.

Für ein Kind mit sozialen Ängsten kann sich so etwas Einfaches wie das Heben der Hand im Unterricht oder die Teilnahme an einem Gruppenprojekt unerträglich anfühlen.

Sie könnten soziale Interaktionen in ihrem Kopf noch einmal abspielen, jedes Wort und jede Geste analysieren und davon überzeugt sein, dass sie sich blamiert haben.

Diese Angst kann lähmend sein. Es hält Kinder davon ab, Freundschaften zu schließen, an Aktivitäten teilzunehmen und ihre Komfortzone zu verlassen. Mit der Zeit entsteht ein Kreislauf, in dem Vermeidung zu Isolation führt, was wiederum zu noch mehr Ängsten führt.

Angst wirkt sich nicht nur auf den Geist aus, sondern belastet auch den Körper. Kinder mit chronischen Angstzuständen berichten oft von Müdigkeit, Muskelverspannungen und Verdauungsproblemen. Ihr Körper befindet sich in einem nahezu ständigen Stresszustand, der ihr Immunsystem schwächen und sie anfällig für Krankheiten machen kann.

Schlaf ist ein weiteres Opfer. Ängstliche Kinder haben oft Schwierigkeiten, einzuschlafen oder durchzuschlafen, und ihre Gedanken rasen vor lauter Sorgen. Schlechter Schlaf wiederum verstärkt die Angst und schafft einen Teufelskreis, der schwer zu durchbrechen ist.

Warum Kinder Schwierigkeiten haben, damit klarzukommen

In früheren Generationen hatten Kinder mehr Möglichkeiten zu lernen, mit Stress umzugehen. Unstrukturiertes Spielen, Unabhängigkeit und das Lösen realer Probleme waren natürliche Bestandteile der

Kindheit. Heutzutage sind Kinder jedoch geschützter und weniger darauf vorbereitet, mit Beschwerden umzugehen.

Viele Kinder sind in einer Umgebung aufgewachsen, in der Misserfolge um jeden Preis vermieden werden Das mag sie zwar kurzfristig abschirmen, macht sie aber unvorbereitet auf die unvermeidlichen Herausforderungen des Lebens. Wenn Stress auftritt, verfügen sie nicht über die Mittel, damit umzugehen, und die Angst übernimmt die Oberhand.

Angst ist zur bestimmenden Herausforderung für die psychische Gesundheit dieser Generation geworden und prägt die Art und Weise, wie Kinder denken, fühlen und sich im FI zurechtfinden. Es ist nicht nur eine Phase oder eine Eigenart – es ist ein tiefgreifendes, allgegenwärtiges Problem, das sich auf ihren Körper, Geist und ihre Zukunft auswirkt.

Jennifer R. Greger

Kapitel 4

Warum Kinder nicht wieder auf die Beine kommen

Es gab eine Zeit, in der Kinder unerschütterlich zu sein schienen – sie fielen vom Fahrrad und standen wieder auf, meisterten Rückschläge, ohne besiegt zu werden, und meisterten Herausforderungen, ohne sich ständig an der Hand zu halten. Aber etwas hat sich verändert. Heutzutage fällt es vielen jungen Menschen schwer, sich auch nur von kleinen Enttäuschungen zu erholen. Ihre Fähigkeit, mit den Höhen und Tiefen des Lebens umzugehen, ist erschreckend schwach geworden.

Hier geht es nicht darum, Kindern die Schuld zu geben, sie seien „zu sensibel". Es geht darum, die gesellschaftlichen Faktoren zu verstehen, die die Widerstandsfähigkeit geschwächt haben und sie auf die unvermeidlichen Herausforderungen des Lebens nicht vorbereitet haben.

Jennifer R. Greger

Die überplanmäßige Kindheit

Jahrzehntelang war die Kindheit vom freien Spiel geprägt. Kinder streiften durch die Nachbarschaft, kletterten auf Bäume oder erfanden Spiele mit Freunden. Diese unstrukturierten Momente haben mehr als nur Spaß gemacht – sie lehrten wichtige Lebenskompetenzen wie Verhandlungsführung, Problemlösung und Risikomanagement.

Mittlerweile ähneln die Terminpläne vieler Kinder einem Firmenkalender. Zwischen Schule, Sport, Musikunterricht und außerschulischen Aktivitäten wird jede Minute berücksichtigt. Dieser Wandel ist nicht grundsätzlich schlecht – strukturierte Aktivitäten können wertvolle Erfahrungen liefern –, aber er lässt wenig Raum für unabhängige Erkundungen.

Wenn Kinder keine Chance haben, Dinge selbst herauszufinden, verpassen sie Gelegenheiten zum Scheitern, zum Lernen und zum Wachsen. Ein aufgeschürftes Knie oder eine Meinungsverschiedenheit mit einem Freund mag klein erscheinen, aber diese Momente bilden die Grundlage für Widerstandsfähigkeit. Ohne sie sind Kinder schlecht gerüstet, um mit Rückschlägen im späteren Leben umzugehen.

Ein weiterer Faktor, der die Widerstandsfähigkeit untergräbt, ist die wachsende Angst vor dem Scheitern, sowohl bei Kindern als auch bei den Erwachsenen um sie herum. Beispielsweise legen Schulen oft vor allem auf

Noten und Testergebnisse. Dadurch entsteht ein Umfeld, in dem viel auf dem Spiel steht und Fehler eher als Katastrophe denn als Lernmöglichkeit betrachtet werden.

Stellen Sie sich ein Kind vor, das bei einem Mathotest die Note 2 nach Hause bringt und sich sofort schämt – nicht, weil es es nicht versucht hat, sondern weil es den Glauben verinnerlicht hat, dass alles, was unter einem 1 liegt, inakzeptabel ist. Mit der Zeit kann diese Angst vor dem Scheitern zur Vermeidung führen – Kinder würden es lieber nicht versuchen, als das Risiko einzugehen, zu scheitern.

Diese Denkweise bremst das Wachstum. Bei Resilienz geht es nicht darum, Fehler zu vermeiden; es geht darum zu lernen, sich davon zu erholen. Wenn Kinder vor Misserfolgen geschützt werden oder ihnen beigebracht wird, sich davor zu fürchten, verlieren sie die Chance, den Mut zu entwickeln, den sie zum Durchhalten brauchen.

Schulen spielen eine wichtige Rolle bei der Gestaltung von Resilienz – oder zunehmend auch beim Mangel daran. Viele Bildungssysteme haben sich zu hyperstrukturierten Umgebungen entwickelt, in denen Kreativität und Unabhängigkeit gegenüber standardisierten Tests und starren Lehrplänen zweitrangig sind.

Nehmen wir zum Beispiel die Pause. In einigen Schulen wurde es verkürzt oder ganz abgeschafft, um mehr Zeit für die akademischen Fächer zu schaffen. Doch in der Pause lernen Kinder soziale Fähigkeiten, lösen Konflikte und testen ihre Grenzen. Ohne diese unstrukturierten Pausen verpassen Kinder eine wichtige Gelegenheit, ihre Belastbarkeit in realen Situationen zu üben.

Darüber hinaus konzentrieren sich einige Schulen so stark auf die Verhinderung von Mobbing oder negativen Interaktionen, dass sie den Kindern unbeabsichtigt die Möglichkeit nehmen, ihre Konflikte selbst zu lösen. Obwohl der Schutz von Kindern wichtig ist, kann ein ständiges Eingreifen die Botschaft vermitteln, dass Kinder nicht in der Lage sind, Herausforderungen alleine zu bewältigen.

Das Komfortproblem

Auch die Gesellschaft ist zunehmend auf Komfort und Bequemlichkeit ausgerichtet. Vom sofortigen Online-Einkauf bis hin zur Lieferung am selben Tag haben wir uns daran gewöhnt, mit minimalem Aufwand das zu bekommen, was wir wollen. Diese Denkweise hat sich auf Kinder übertragen, die möglicherweise Probleme haben, wenn ihnen die Dinge nicht leicht fallen.

Beispielsweise könnte ein Kind ein anspruchsvolles Puzzle oder eine knifflige Hausaufgabe aufgeben, weil es es nicht gewohnt ist, unbequem zu sitzen. In der Vergangenheit hätten sie die Frustration vielleicht überwinden und dabei Durchhaltevermögen entwickeln können. Jetzt ist es wahrscheinlicher, dass sie sich zur Ablenkung an einen Bildschirm wenden oder sich darauf verlassen, dass jemand anderes das Problem für sie löst.

Und es ist unmöglich zu ignorieren, wie sich die gesellschaftlichen Normen in Richtung einer ständigen Kontrolle verlagert haben. Schulen, Nachbarschaften und Gemeinden raten oft von der Unabhängigkeit ab, weil sie den schlimmsten Fall befürchten.

Denken Sie an Spielplätze. Viele wurden neu gestaltet, um das Risiko zu minimieren, indem hohe Rutschen oder Klettergerüste entfernt wurden. Obwohl Sicherheit wichtig ist, können diese Veränderungen die Fähigkeit von Kindern einschränken, Risiken einzuschätzen und Selbstvertrauen aufzubauen.

Ebenso raten einige Gemeinden älteren Kindern davon ab, alleine zur Schule zu gehen oder unbeaufsichtigt draußen zu spielen. Obwohl diese Einschränkungen gut gemeint sind, senden sie eine subtile Botschaft: Sie können das nicht alleine bewältigen. Mit der Zeit fangen Kinder an, daran zu glauben.

Der Rückgang der Widerstandsfähigkeit ist nicht nur ein Kindheitsproblem – er begleitet Kinder bis ins Erwachsenenalter. Ein junger Erwachsener, der noch nie vor größeren Herausforderungen gestanden hat, kann Schwierigkeiten haben, mit dem Stress des Studiums, der Arbeit oder einer Beziehung umzugehen. Sie könnten sich von Kritik überwältigt fühlen, unsicher über ihre Fähigkeiten sein oder schnell aufgeben, wenn es schwierig wird.

Diese Zerbrechlichkeit kann sich auch auf die psychische Gesundheit auswirken. Wenn Kindern die

Mittel zur Bewältigung von Widrigkeiten fehlen, ist die Wahrscheinlichkeit größer, dass sie unter Angstzuständen, Depressionen oder einem Gefühl der Hilflosigkeit leiden. Die Fähigkeit, sich Herausforderungen zu stellen und sie zu meistern, ist ein Schutzfaktor für das psychische Wohlbefinden. Ohne sie sind Kinder verwundbar.

Belastbarkeit ist nicht etwas, mit dem Kinder geboren werden – es ist eine Fähigkeit, die sie durch Erfahrung entwickeln. Da die Gesellschaft jedoch strukturierter, schützender und komfortorientierter wird, haben Kinder weniger Möglichkeiten, diese wesentliche Qualität aufzubauen.

Teil 2

Die Rolle von Therapie und moderner Elternschaft

Jennifer R. Greger

Kapitel 5

Wenn Hilfe mehr schadet als nützt

Lena hatte sich immer für eine gute Mutter gehalten. Sie hörte ihrem 15-jährigen Sohn Ethan zu, wenn er über seine Sorgen sprach, versuchte ihn in seinen Schwierigkeiten zu unterstützen und tat alles, was sie konnte, um sicherzustellen, dass er sich gehört fühlte. Doch als Ethans Ängste immer schlimmer wurden – seine ständigen Sorgen, schlaflosen Nächte und panischen Gefühle wegen der Schule – wusste Lena, dass etwas mehr getan werden musste. Sie entschied, dass es an der Zeit war, professionelle Hilfe zu suchen.

Ethans Kinderarzt empfahl einen Therapeuten, der auf jugendliche Angstzustände spezialisiert war, und Lena vereinbarte schnell einen Termin. Der Therapeut, Dr. Hall, wirkte freundlich, mitfühlend und beruhigend. Er versprach, Ethan bei der Bewältigung seiner Ängste zu helfen und ihn wieder auf den richtigen Weg zu bringen. Lena verspürte ein Gefühl der Erleichterung – endlich jemanden, der die Dinge in Ordnung bringen konnte.

Doch von Anfang an lief es nicht wie erwartet.

Ethans erste Sitzungen mit Dr. Hall waren lang und fühlten sich oft ziellos an. Dr. Hall schien sich auf schnelle Lösungen zu verlassen – leicht zu merkende Bewältigungstechniken, die Ethan anwenden sollte, wenn er Angst hatte. „Atme einfach tief durch und zähle bis zehn", sagte er. „Sie müssen sich beruhigen, bevor die Angst überhand nimmt."

Ethan würde es versuchen, aber die Techniken schienen im wirklichen Leben nicht zu helfen. Seine Angst verschwand nicht einfach, als er bis zehn zählte, und das tiefe Atmen fühlte sich eher wie eine Ablenkung als wie eine Lösung an. Aber Dr. Hall schien nicht tiefer zu graben. Stattdessen bekräftigte er weiterhin die Vorstellung, dass Ethan seine Werkzeuge einfach nicht richtig einsetzte. „Sie müssen mehr üben", sagte Dr. Hall zu ihm. „Du bist einfach nicht engagiert genug."

Als die Wochen vergingen, begann Lena etwas Beunruhigendes zu bemerken: Ethan öffnete sich Dr. Hall gegenüber nicht. Er wirkte immer distanzierter, als würde er nur alles tun, um seiner Mutter zu gefallen. Das tiefe Atmen und die einfachen Bewältigungstechniken lösten die zugrunde liegenden Probleme nicht, und dennoch kam Dr. Hall immer wieder auf sie zurück. Jede Sitzung fühlte sich gleich an – Ethan saß still da, nickte, gab nur minimale Antworten und ging ohne wirkliche Fortschritte.

Eines Nachmittags nahm Lena an einer Sitzung teil und hoffte, einen Einblick in den Stand der Dinge zu gewinnen. Dr. Hall schlug vor, dass Ethan von Medikamenten profitieren könnte, um seine Angstzustände in den Griff zu bekommen. „Das ist ein gängiger Ansatz", erklärte er. „Eine niedrige Dosis eines SSRI könnte helfen, seinen Geist so weit zu beruhigen, dass die Therapie wirksamer wird."

Lena war überrascht. Sie hatte auf Werkzeuge und Strategien gehofft, die Ethan beim Aufbau seiner Widerstandskraft helfen würden, und nicht nur auf eine Pille, die seine Gefühle dämpfen würde. Aber Dr. Hall beruhigte sie: „Medikamente können ihm den Raum geben, den er braucht, um in der Therapie echte Fortschritte zu machen. Das ist alles Teil des Prozesses."

Ethan begann mit der Einnahme der Medikamente und zunächst stellte sich eine leichte Besserung ein. Er wirkte ruhiger und konnte sich besser konzentrieren, aber die Angst war immer noch da. Er war nicht glücklicher und es fiel ihm immer noch schwer, mit seinen Altersgenossen in Kontakt zu treten. Lena kam nicht umhin, sich zu fragen: Hat ihm das wirklich geholfen, oder hat er das Problem nur betäubt?

Bald darauf erhielt Ethan von Dr. Hall die offizielle Diagnose einer „generalisierten Angststörung". Das Label war nun auf seiner Akte und es fühlte sich offiziell an. Zuerst war es beruhigend – eine klare Erklärung für die ständige Sorge, die Ethan seit Jahren plagte. Doch mit der Zeit bemerkte Lena noch etwas anderes: Ethan begann so zu tun, als wäre das Etikett eine Erklärung für alles. „Ich bin einfach ein ängstlicher Mensch", sagte er und schüttelte

Momente des Zweifels oder der Frustration ab. „Ich kann nicht anders."

Obwohl die Diagnose gut gemeint war, wurde sie zu einer sich selbst erfüllenden Prophezeiung. Anstatt sich selbst als jemanden zu sehen, der lernen könnte, mit seiner Angst umzugehen, sah sich Ethan als eine von ihr definierte Person. Das Etikett gab ihm eine Identität – eine, die es ihm schwerer machte, sich eine Zukunft vorzustellen, in der Angst nicht zu seiner Persönlichkeit gehörte. In der Therapie wurde nur darüber gesprochen. Ethans Erfahrungen, seine Stärken, seine Fähigkeit zu wachsen – all das geriet in den Hintergrund.

Im Laufe der Monate begann Lena, die Therapie insgesamt in Frage zu stellen. Die Sitzungen fühlten sich eher wie eine Checkliste als wie eine sinnvolle Auseinandersetzung mit Ethans Kämpfen an. Es wurde deutlich, dass es weniger darum ging, die Grundursachen seiner Angst zu verstehen, als vielmehr darum, sie auf oberflächlichste Weise zu bewältigen. Medikamente, schnelle Lösungen und Etiketten schienen ihm nicht dabei zu helfen, sich selbstbewusster oder unabhängiger zu fühlen – sie hielten ihn lediglich in einem Teufelskreis der Abhängigkeit von der nächsten Lösung gefangen.

Ethans Angst verschwand nicht auf magische Weise, ebenso wenig wie seine Gefühle der Isolation und Frustration. Es war, als ob die Therapie ihm die Erlaubnis gegeben hätte zu akzeptieren, dass er immer „das ängstliche Kind" bleiben würde. Lena wurde das Gefühl nicht los, dass man ihnen eine Abkürzung zur Lösung von Ethans Problemen verkauft hatte, obwohl sie in Wirklichkeit nur die tieferen Probleme verschleiert hatten, die Aufmerksamkeit erforderten.

Was ist schief gelaufen? Die Therapie war gut gemeint, aber letztendlich wirkungslos. Das Vertrauen auf schnelle Lösungen – tiefes Atmen, Medikamente und vage Diagnosen – konnte die wahren Gründe für Ethans Angst nicht beseitigen. Es reichte nicht aus, ihm einfach ein Etikett zu geben oder ein paar Bewältigungstricks vorzuschlagen. Was Ethan brauchte, war ein nachdenklichen Ansatz – eine Therapie, die ihm half, die emotionalen, sozialen und sogar umweltbedingten Faktoren zu erforschen, die zu seinen Kämpfen beitrugen, und Strategien, die seine Widerstandsfähigkeit im Laufe der Zeit stärkten.

Diese Art der Therapie ist im modernen psychischen Gesundheitssystem nur allzu häufig anzutreffen, wo es oft darum geht, Patienten zu benennen und Medikamente zu verabreichen, anstatt wirklich zuzuhören und zu verstehen. In einer Welt, in der die Zeit begrenzt ist und der Druck, schnelle Lösungen anzubieten, hoch ist, greifen viele Therapeuten auf oberflächliche Strategien zurück, die nur kurzfristige Linderung verschaffen können. Aber die langfristigen Auswirkungen können schädlich sein und die Vorstellung verstärken, dass Kinder wie Ethan grundsätzlich gebrochen oder unfähig sind, ihre Probleme zu überwinden.

In Lenas Fall wurde das, was als Lebensader für Ethan gedacht war, nur ein weiterer Teil des Problems. Anstatt Selbstbewusstsein und Wachstum zu fördern, blieb er durch „schlechte Therapie" in einem Kreislauf aus Abhängigkeit, Angst und Hilflosigkeit stecken. Der wohlmeinende Therapeut Dr. Hall hatte versucht zu helfen, aber die Methoden, die er anwendete, reichten einfach nicht aus. Für Ethan und viele andere Kinder wie ihn bestand die eigentliche Herausforderung nicht nur darin, mit Ängsten umzugehen – sie bestand darin, darüber hinauszuwachsen und sich selbst als jemanden mit der Fähigkeit zur Veränderung zu sehen.

Als Eltern wollen wir das Beste für unsere Kinder. Aber manchmal übersehen wir auf der Suche nach einer schnellen Lösung das Gesamtbild. Die richtige Therapie ist eine, die über Etiketten und Medikamente hinausgeht, die Komplexität der menschlichen Erfahrung anerkennt und die Werkzeuge für echtes emotionales Wachstum bereitstellt. Ohne das geht der Teufelskreis aus Ängsten, Depressionen und Abhängigkeit weiter – und Kinder wie Ethan bleiben in einem System stecken, das ihnen nicht dabei hilft, erfolgreich zu sein.

Jedes Kind ist anders. Was für den einen funktioniert, funktioniert möglicherweise nicht für den anderen. Eine wirksame Therapie berücksichtigt dies und passt die Ansätze an die einzigartige Persönlichkeit, die Bedürfnisse und die Umstände des Kindes an. Die Therapie sollte Kinder stärken und ihnen nicht das Gefühl geben, von ihren

Kämpfen definiert zu werden. Es sollte Werkzeuge für Wachstum und Widerstandsfähigkeit bieten und nicht nur vorübergehende Linderung.

Jennifer R. Greger

Kapitel 6

Etiketten, Medikamente und die „Fix-It"-Mentalität

Wenn Ihr Kind Schwierigkeiten hat, ist es ganz natürlich, eine Lösung zu wollen – etwas Schnelles, etwas, das funktioniert. Sie bringen sie zu einem Therapeuten und bevor Sie es wissen, haben sie ein Etikett erhalten. „Generalisierte Angststörung", „ADHS", „Depression". Die Liste geht weiter. Diese Etiketten können zunächst wie eine Erleichterung wirken. Schließlich gibt es eine Erklärung dafür, warum Ihr Kind Probleme hat. Sie bilden es sich nicht ein – sie brauchen wirklich Hilfe. Aber es gibt eine dunklere Seite dieser Etiketten, die es zu verstehen gilt.

Etiketten sollen dabei helfen, den Fehler zu erkennen, damit die richtige Behandlung eingeleitet werden kann. Aber allzu oft werden sie zur Falle. Eine Bezeichnung beschreibt nicht nur ein Problem, sondern kann am Ende auch eine Person definieren. Und für Kinder, die noch dabei sind, herauszufinden, wer sie sind, kann dieses Etikett zu einer schweren Last werden. Es prägt ihr

Selbstbewusstsein, manchmal auf eine Weise, die ihr Wachstum einschränkt.

Nehmen wir zum Beispiel das Kind, bei dem ADHS diagnostiziert wurde. Sobald das Etikett angebracht ist, beginnen sie möglicherweise, sich selbst durch die Linse dieser Diagnose zu sehen. „Ich habe ADHS, daher kann ich mich nicht konzentrieren", sagen sie vielleicht. Das Etikett wird zu einer Entschuldigung, nicht nur für ihr Verhalten, sondern auch für ihr Potenzial. Möglicherweise hören sie auf, sich selbst zu überfordern, weil man ihnen im Wesentlichen gesagt hat, dass sie das sind, was sie sind, und dass es etwas ist, womit sie immer zu kämpfen haben werden.

Genauso ist es auch mit der Angst. Kinder, bei denen eine Angststörung diagnostiziert wird, können das Gefühl haben, dass ihre gesamte Identität von der Angst geprägt ist. Das Etikett kann ihnen das Gefühl geben, dass sie immer in ihren Ängsten und Sorgen gefangen sind. Es reduziert sie auf ihre Symptome, nicht auf ihre Stärken oder Fähigkeiten, Herausforderungen zu meistern. Es wird für sie schwieriger, sich als fähig zur Veränderung zu sehen, weil das Etikett sie auf einen Weg geführt hat, auf dem ihr Kampf sie definiert.

Was passiert also als nächstes? Die sofortige Lösung sind oft Medikamente. Es geht schnell, ist bequem und verspricht Linderung – manchmal sogar sofortige Linderung. Aber Medikamente lösen nicht die Grundursache des Problems. Es ist, als würde man einen

Verband über eine Wunde legen, ohne sie jemals zu reinigen. Sicher, die Symptome können für eine Weile verschwinden, aber das zugrunde liegende Problem ist immer noch da und schwelt unter der Oberfläche.

Medikamente, insbesondere Antidepressiva oder Medikamente gegen Angstzustände, werden häufig als erste Verteidigungsmaßnahme verschrieben. Aber hier liegt das Problem: Medikamente können zwar bei der Bewältigung der Symptome helfen, sie vermitteln jedoch nicht die Fähigkeiten, die zur Bewältigung der Herausforderungen des Lebens erforderlich sind. Es stärkt weder die Widerstandsfähigkeit noch hilft es Kindern dabei, mit ihren Emotionen umzugehen, mit Stress umzugehen oder mit Rückschlägen umzugehen. Medikamente können in manchen Fällen wichtig sein, insbesondere wenn die Symptome schwerwiegend sind, aber sie sollten nicht die einzige Option sein – und sie sollten nicht als dauerhafte Lösung angesehen werden.

Darüber hinaus können Medikamente Nebenwirkungen haben – einige mild, andere schwerwiegender. Gewichtszunahme, Schlafprobleme und emotionale Taubheit sind nur einige der häufigsten Nebenwirkungen, unter denen Kinder und Jugendliche leiden. Genau das, was ihnen helfen sollte, sich besser zu fühlen, kann dazu führen, dass sie sich schlechter fühlen. Und obwohl sie scheinbar kurzfristig wirken, gehen sie oft nicht auf die wirklichen Probleme ein: ungesunde Denkmuster, schlechte

Bewältigungsstrategien oder ein Mangel an emotionalen Werkzeugen.

Hier liegt die eigentliche Gefahr: Wenn es bei der Lösung um eine Pille oder ein Etikett geht und nicht um die emotionale Gesundheit des Kindes, vermittelt das die Botschaft, dass es kaputt ist – dass es etwas von außen braucht, um es zu „reparieren". Dadurch entsteht ein Kreislauf, in dem Kinder auf Medikamente oder Therapien angewiesen sind, um damit klarzukommen, anstatt zu lernen, wie sie mit sich selbst klarkommen.

Unter diesem Kreislauf leiden nicht nur die Kinder, sondern auch die Eltern. Sie beobachten, wie Ihr Kind kämpft, und möchten alles tun, damit es aufhört. Wenn also ein Arzt eine Diagnose und ein Rezept vorschlägt, haben Sie das Gefühl, das Richtige zu tun. Es fühlt sich wie die Lösung an, ist aber oft nur ein Teil der Lösung, wenn überhaupt. Die eigentliche Arbeit, die tiefere Heilung, besteht darin, die Grundursachen von Angstzuständen, Depressionen oder anderen Herausforderungen anzugehen – und nicht nur die Symptome zu maskieren.

Deshalb ist es wichtig, über die Diagnose hinauszuschauen. Ein Etikett kann einem Arzt helfen, das Problem zu kategorisieren, sollte aber niemals Ihr Kind definieren. Sie sind mehr als ihre Diagnose. Anstatt nur zu fragen: „Was stimmt mit meinem Kind nicht?" Fragen Sie: „Was geht unter der Oberfläche vor sich? Welche Erfahrungen, Überzeugungen oder Muster tragen zu ihren

Kämpfen bei?" Diese Art der Befragung öffnet die Tür zu wahrer Heilung.

Eine echte Veränderung kommt dann zustande, wenn Kindern die Werkzeuge an die Hand gegeben werden, mit denen sie mit ihren Emotionen umgehen, Probleme lösen und Widerstandskraft entwickeln können. Es kommt, wenn ihnen beigebracht wird, wie sie mit Angst, Stress und Versagen umgehen sollen – und nicht, wenn ihnen gesagt wird, dass sie aufgrund einer Diagnose dazu verdammt sind, für immer ängstlich oder deprimiert zu sein.

Wie geht es also weiter? Wenn Ihrem Kind ein Etikett gegeben wurde, bedeutet das nicht, dass Sie es als seine Identität akzeptieren müssen. Es ist wichtig, einen ganzheitlicheren Ansatz für ihre psychische Gesundheit zu verfolgen. Suchen Sie nach Therapien, die Fähigkeiten vermitteln, nach Therapien, die sich auf den Aufbau von Resilienz, die Vermittlung emotionaler Intelligenz und die Unterstützung Ihres Kindes bei der Bewältigung seiner Herausforderungen konzentrieren. Bitten Sie nicht einfach um eine Pille, um den Schmerz zu lindern, sondern um eine Behandlung, die Ihr Kind in die Lage versetzt, die Höhen und Tiefen des Lebens mit Selbstvertrauen und Kraft zu meistern.

Medikamente haben in bestimmten Situationen ihre Berechtigung, sollten aber nur ein Teil des Puzzles sein. Das Ziel sollte darin bestehen, den Kindern zu helfen, ihr Leben zu leben und nicht nur ihre Tage zu überstehen. Das bedeutet, ihnen beizubringen, anders zu denken, anders zu fühlen und auf eine Weise zu handeln, die ihre geistige und emotionale Gesundheit unterstützt.

Am Ende kommt es auf das Gleichgewicht an. Lassen Sie nicht zu, dass Etiketten Ihr Kind definieren. Verlassen Sie sich nicht auf schnelle Lösungen. Konzentrieren Sie sich stattdessen darauf, eine Grundlage für emotionale Belastbarkeit, Selbstbewusstsein und Bewältigungsstrategien aufzubauen, die Ihrem Kind ein Leben lang von Nutzen sein wird. Und wenn Sie mit Fachleuten zusammenarbeiten, stellen Sie sicher, dass Sie nach Lösungen suchen, die Ihrem Kind beim Wachsen und nicht nur beim Überleben helfen.

Die „Reparatur"-Mentalität mag auf kurze Sicht beruhigend wirken, aber echte Fortschritte stellen wir ein, wenn wir aufhören, nach einer Wunderpille zu suchen, und anfangen, in langfristige Lösungen zu investieren, die unseren Kindern das Gedeihen ermöglichen. Es ist an der Zeit, sich von schnellen Lösungen zu verabschieden und sich auf den Aufbau der Fähigkeiten zu konzentrieren, die sie benötigen, um der Welt mit Stärke und Selbstvertrauen zu begegnen.

Kapitel 7

Warum sich Loslassen unmöglich anfühlt

Seien wir mal ehrlich. Elternschaft ist hart. Jeden Tag gibt es Momente, in denen Sie sich fragen, ob Sie genug tun oder ob Sie die richtigen Entscheidungen treffen. Es ist ganz natürlich, dass Sie Ihr Kind beschützen, es beschützen und es vor Schmerzen bewahren möchten. Aber wenn Ihre Erziehungsentscheidungen aus Angst entstehen – Angst vor dem, was passieren könnte, Angst davor, dass Ihr Kind verletzt wird oder Angst davor, dass es versagt –, kann das Ihr Kind mehr zurückhalten, als Ihnen bewusst ist.

Eine auf Angst basierende Erziehung könnte so aussehen, als würde man jede Entscheidung, die Ihr Kind trifft, im Auge behalten und dafür sorgen, dass es sich nie unwohl fühlt oder scheitert. Möglicherweise greifen Sie ständig ein, um Dinge in Ordnung zu bringen, Probleme für sie zu lösen oder sie davon abzuhalten, die Kämpfe zu erleben, die Teil des Lebens sind. Es ist leicht, in diese Denkweise zu verfallen, denn schließlich lieben Sie Ihr Kind und möchten ihm die Welt so reibungslos wie möglich gestalten. Aber hier ist der Haken: Indem Sie versuchen, sie vor jeder kleinen Unebenheit auf dem Weg zu schützen, schränken Sie möglicherweise tatsächlich ihr Wachstum ein.

Die Wahrheit ist: Das Leben ist voller Herausforderungen und Kinder müssen diese Herausforderungen meistern, um zu wachsen. Wenn Eltern zu schnell oder zu oft eingreifen, lernen Kinder nicht, Probleme alleine zu bewältigen. Sie versäumen es, die Fähigkeiten zu entwickeln, die sie brauchen, wenn sie später im Leben mit schwierigeren Situationen konfrontiert werden.

Das Problem ist, dass es schwer ist, loszulassen. Der Druck auf Eltern ist heute groß, „perfekte" Kinder großzuziehen, die in allem hervorragende Leistungen erbringen – in der Schule, beim Sport, in den sozialen Medien und mehr. Aber dieser Druck kann in Angst umschlagen. Befürchten Sie, dass etwas nicht stimmt, wenn Ihr Kind nicht alles perfekt macht. Sie befürchten, dass sie scheitern oder verletzt werden könnten, wenn Sie ihre Umgebung nicht kontrollieren. Angst, dass sie Schwierigkeiten haben oder, schlimmer noch, nicht mithalten können.

Es ist leicht zu verstehen, warum man sich festhalten sollte, besonders wenn man das Gefühl hat, die Welt sei ein beängstigender Ort. Der Aufstieg der sozialen Medien, ständige Vergleiche und der Druck des modernen Lebens können diese Angst verstärken. Du machst dir Sorgen, dass sie die falschen Freunde finden, in der Schule versagen oder emotional verletzt werden. Aber hier liegt das

Problem bei der Erziehung aus Angst: Sie schafft einen Kreislauf der Abhängigkeit statt der Unabhängigkeit.

Kinder, die ständig vor Unannehmlichkeiten oder Misserfolgen geschützt sind, können mit der Zeit Schwierigkeiten haben, wenn sie alleine vor Herausforderungen stehen. Warum? Weil ihnen nie die Chance gegeben wurde, zu lernen, wie man mit Unbehagen umgeht, wie man Risiken eingeht oder wie man mit den unvermeidlichen Höhen und Tiefen des Lebens umgeht. Sie durften nicht im Kleinen scheitern, und wenn größere Herausforderungen auf sie zukommen, könnten sie sich völlig unvorbereitet fühlen.

Stellen Sie sich das so vor: Wenn Sie eingreifen und jedes Problem für Ihr Kind lösen, nehmen Sie ihm tatsächlich die Fähigkeit, zu lernen, Probleme selbst zu lösen. Sie haben vielleicht das Gefühl, dass Sie ihnen helfen, indem Sie sie vor einer schwierigen Situation schützen, aber Sie machen es ihnen dadurch nur schwerer, das Selbstvertrauen und die Widerstandsfähigkeit zu gewinnen, die sie brauchen, um die Herausforderungen des Lebens zu meistern.

Es geht nicht darum, Ihr Kind jede schwierige Situation alleine meistern zu lassen, sondern darum, einen Ausgleich zu finden. Es geht darum, weit genug zurückzutreten, um ihnen den Raum zu geben, es zu versuchen, zu scheitern und aus ihren Erfahrungen zu lernen. Es ist in Ordnung, Anleitung zu geben, aber nicht jeder Moment muss eine

Gelegenheit für Sie sein, einzugreifen und Dinge zu „reparieren".

Gleichzeitig wirkt sich angstbasierte Erziehung nicht nur auf das Kind aus, sondern auch auf die Eltern. Die ständige Sorge um das Wohlergehen, den Erfolg und die Zukunft Ihres Kindes kann große Ängste hervorrufen. Sie denken immer: „Was ist, wenn es nicht gut wird?" oder „Was ist, wenn etwas schief geht?" Und diese Angst kann eine sich selbst erfüllende Prophezeiung hervorbringen. Wenn wir aus Angst handeln, sind wir oft überfürsorglich oder kontrollierend, was dazu führen kann, dass sich unsere Kinder unsicher fühlen. Sie können das Gefühl haben, dass man ihnen nicht zutraut, selbst Entscheidungen zu treffen oder Probleme zu lösen, was ihre eigenen Ängste verstärkt.

Loslassen ist nicht einfach, besonders wenn Angst im Spiel ist. Aber es ist wichtig. Ihr Kind braucht den Raum, um zu wachsen, zu stolpern und Dinge herauszufinden. Je mehr Sie sie versuchen lassen, selbst wenn sie scheitern, desto fähiger und selbstbewusster werden sie. Anstatt sie bei jedem Schritt an der Hand zu halten, geben Sie ihnen die Möglichkeit, alleine zu gehen – auch wenn das bedeutet, dass sie hin und wieder fallen.

Wenn Sie diese Angst loslassen, lassen Sie Ihr Kind nicht im Stich. Sie geben ihnen die Möglichkeit, Belastbarkeit, Unabhängigkeit und ein Gefühl der Kompetenz aufzubauen. Sie zeigen ihnen, dass sie stark genug sind, um die Herausforderungen des Lebens zu meistern, und dass Scheitern nicht bedeutet, dass sie nicht gut genug sind – es bedeutet nur, dass sie etwas gelernt haben und dem Erfolg einen Schritt näher gekommen sind.

Es ist wichtig zu erkennen, dass angstbasierte Erziehung nicht absichtlich erfolgen muss. Es kommt oft von einem guten Ort – einem Ort der Liebe und Fürsorge. Aber es ist die Art von Liebe, die manchmal das Potenzial Ihres Kindes einschränkt.

Erziehung aus Angst kann sowohl für Sie als auch für Ihr Kind anstrengend sein. Anstatt also zu versuchen, sie vor jeder möglichen Gefahr zu schützen, sollten Sie einen Schritt zurücktreten und darauf vertrauen, dass sie mehr bewältigen können, als Sie denken. Es ist an der Zeit, ihnen das Steuer zu überlassen, auch wenn Sie noch auf dem Beifahrersitz sitzen und bei Bedarf mit Rat und Tat zur Seite stehen.

Denken Sie daran: Loslassen bedeutet nicht, dass Sie aufhören, sich zu kümmern oder sich zu engagieren. Das bedeutet, dass Sie Ihrem Kind ermöglichen, die Fähigkeiten und das Selbstvertrauen zu entwickeln, die es braucht, um sich selbstständig in der Welt zurechtzufinden. Die Welt ist voller Herausforderungen, aber auch voller Wachstumschancen. Und wenn Sie die Angst loslassen, geben Sie Ihrem Kind die Chance, sich diesen Herausforderungen zu stellen, statt davor zurückzuschrecken.

Es ist schwer, aber es lohnt sich. Je früher Sie Ihrem Kind mehr Unabhängigkeit zutrauen, desto eher beginnt es, sich selbst zu vertrauen. Und das ist die Art von Vertrauen, die ein Leben lang anhält.

Kapitel 8

Der Balanceakt

Heutzutage geht es bei der Elternschaft nicht nur um die Erziehung von Kindern, sondern auch um die Erziehung belastbarer, unabhängiger Erwachsener. Aber wie finden Sie das richtige Gleichgewicht zwischen der Freiheit Ihres Kindes und seiner Sicherheit? Es ist nicht immer einfach. Alle Eltern möchten, dass ihr Kind Erfolg hat, glücklich ist und Fehler vermeidet. Aber hier ist die Realität: Fehler gehören zum Erwachsenwerden dazu. Und wenn wir ständig jeden Aspekt ihres Lebens kontrollieren, nehmen wir ihnen die Möglichkeit, aus diesen Fehlern zu lernen. Wie können Sie also ein wenig loslassen und sie gleichzeitig in die richtige Richtung führen?

Zunächst ist es wichtig zu erkennen, dass Autonomie nicht dasselbe ist wie Verlassenheit. Wenn Sie Ihrem Kind mehr Unabhängigkeit geben, bedeutet das nicht, dass Sie völlig aus dem Bild verschwinden. Das bedeutet, dass Sie ihnen den Raum bieten, Entscheidungen zu treffen und aus ihren Erfahrungen zu lernen, und ihnen gleichzeitig die Sicherheit und Unterstützung bieten, die sic brauchen, um sich sicher zu fühlen. Es geht darum, ein gesundes Umfeld zu schaffen, in dem sie Neues entdecken, Fehler machen und wachsen können, in dem Wissen, dass Sie immer noch da sind, wenn sie Hilfe brauchen.

Der Schlüssel zum Erreichen dieses Gleichgewichts ist Vertrauen. Es kann schwierig sein, darauf zu vertrauen, dass Ihr Kind mit bestimmten Situationen umgehen kann, insbesondere wenn Sie stärker in die Entscheidungsfindung eingebunden sind. Aber hier müssen Sie sich daran erinnern: Sie müssen sich den Herausforderungen selbst stellen, um Vertrauen in ihre Fähigkeiten zu entwickeln. Je fester du dich festhältst, desto mehr könnte es sein, dass sie das Gefühl haben, ohne dich keinen Erfolg zu haben.

Geben Sie Ihrem Kind zunächst mehr Kontrolle über kleine Entscheidungen. Lassen Sie sie ihre Kleidung auswählen, außerschulische Aktivitäten auswählen oder entscheiden, wie sie ihre Freizeit verbringen möchten. Dadurch entwickeln sie ein Gefühl der Autonomie und lernen, Entscheidungen zu treffen. Es lehrt sie auch, dass ihre Meinung wichtig ist und dass sie die Macht haben, ihr eigenes Leben zu beeinflussen.

Natürlich wird es Zeiten geben, in denen Sie eingreifen müssen – wenn eine Entscheidung zu groß ist, als dass sie sie alleine bewältigen könnten, oder wenn ihre Sicherheit oder ihr Wohlbefinden gefährdet sind. Aber wenn das passiert, ist es wichtig zu erklären, warum Sie eingreifen. Dabei geht es nicht darum, die Verantwortung zu übernehmen, sondern darum, die nötige Führung zu geben, um sie auf dem richtigen Weg zu halten. Erklären Sie ihnen, warum Sie diese Entscheidung treffen, und helfen Sie ihnen zu verstehen, wie sie mit den Werten und Zielen übereinstimmt, die Sie sich als Familie gesetzt haben. Dies hilft ihnen, die Gründe für Ihr Handeln zu erkennen, was ihr Vertrauen und ihren Respekt stärkt.

Es ist auch hilfreich, klare Grenzen zu setzen. Kinder brauchen Richtlinien, aber diese sollten flexibel sein und sich mit ihrem Wachstum weiterentwickeln. Wenn sie jünger sind, müssen die Regeln möglicherweise strenger sein, aber wenn sie älter werden, sollten sie mehr Möglichkeiten haben, diese Grenzen zu überwinden. Anstatt beispielsweise gesetzlich festzulegen, wann sie zu Hause sein sollen oder wie viel Zeit sie vor dem Bildschirm verbringen dürfen, sprechen Sie lieber über die Konsequenzen ihres Handelns. Lassen Sie sie verstehen, warum diese Regeln gelten und was passiert, wenn sie sie nicht befolgen. Dies gibt ihnen die Werkzeuge an die Hand, um selbst bessere Entscheidungen zu treffen.

Ein wichtiger Aspekt dieses Gleichgewichts besteht darin, Ihrem Kind beizubringen, für seine Handlungen Verantwortung zu übernehmen. Anstatt sie immer vor den Konsequenzen zu bewahren, geben Sie ihnen die Möglichkeit, natürliche Konsequenzen zu erleben, wenn dies sicher ist. Wenn sie beispielsweise ihre Hausaufgaben vergessen, lassen Sie sie sich mit dem Ergebnis befassen. Wenn sie eine Frist für ein Schulprojekt verpassen, lernen sie, dass Zeitmanagement wichtig ist. Diese kleinen Lektionen helfen ihnen, Verantwortung und Selbstdisziplin aufzubauen, was ihnen später im Leben von großem Nutzen sein wird.

Aber bei Autonomie geht es nicht nur darum, die Kontrolle loszulassen; Es geht auch darum, bei Bedarf emotionale Unterstützung zu leisten. Kinder möchten die Dinge vielleicht alleine bewältigen, aber das bedeutet nicht, dass sie Ihre Ermutigung nicht brauchen. Schauen Sie regelmäßig bei ihnen vorbei, um zu sehen, wie es läuft. Stellen Sie offene Fragen, die sie dazu einladen, ihre Gedanken und Gefühle mitzuteilen, ohne zu viel Druck auszuüben. Dies schafft ein Umfeld, in dem sie sich ehrlich äußern können und sich unterstützt und nicht beurteilt fühlen.

Das ultimative Ziel besteht darin, Ihr Kind zu befähigen, Entscheidungen zu treffen, die seinen Werten und Interessen entsprechen, und ihm das Selbstvertrauen zu geben, Herausforderungen, Rückschläge und Erfolge selbstständig zu bewältigen. Je mehr Sie ihnen vertrauen, dass sie diese Entscheidungen treffen, desto mehr werden sie an ihre eigenen Fähigkeiten glauben. Und wenn sie Rückschläge erleiden – und das werden sie auch –, werden sie die emotionale Widerstandskraft haben, damit umzugehen, weil sie wissen, dass sie die Kraft haben, wieder auf die Beine zu kommen.

Es ist aber auch wichtig zu erkennen, dass nicht alle Kinder gleichzeitig für das gleiche Maß an Autonomie bereit sind. Jedes Kind ist anders. Manche wünschen sich vielleicht mehr Unabhängigkeit, während andere sich mit

Teil 3

Den Kreislauf durchbrechen

Kapitel 9

Lass Kinder Kinder sein

Die Kindheit soll eine Zeit der Erkundung, des Staunens und der Entdeckung sein. Aber irgendwann haben wir angefangen, es wie eine Checkliste zu behandeln. Akademische Meilensteine, außerschulische Aktivitäten, Erfolge – es ist, als ob jeder Moment im Leben eines Kindes ein Sprungbrett für zukünftige Erfolge wäre. Dabei haben wir vergessen, was die Kindheit so magisch macht: die Freiheit, einfach zu sein.

Denken Sie an Ihre eigene Kindheit zurück. Was waren deine glücklichsten Momente? Die Chancen stehen gut, dass sie nicht im Rahmen einer strukturierten Aktivität oder unter dem wachsamen Auge eines Erwachsenen verbracht wurden. Es waren die Stunden, die man damit verbrachte, Festungen aus Sofakissen zu bauen, sich Spiele im Hinterhof auszudenken oder mit Freunden Fahrrad zu fahren, bis die Straßenlaternen angingen.

Unstrukturiertes Spielen macht nicht nur Spaß – es ist unerlässlich. Es bringt Kindern bei, Probleme zu lösen, sich in sozialen Situationen zurechtzufinden und ihrer Fantasie freien Lauf zu lassen. Wenn Kinder ihre eigenen Spiele entwickeln oder ihre eigenen Geschichten erfinden, erlernen sie Fähigkeiten, die nicht in einem Klassenzimmer oder beim Fußballtraining vermittelt werden können.

Doch heute verschwindet das unstrukturierte Spielen. Studien zeigen, dass Kinder viel weniger Freizeit haben als frühere Generationen und ihre Tage voller geplanter Aktivitäten sind. Sogar die Pausen, einst ein fester Bestandteil der Kindheit, wurden in vielen Schulen verkürzt oder ganz abgeschafft.

Das Ergebnis? Kinder verpassen die Chance, genau die Eigenschaften zu entwickeln, die wir uns für sie wünschen: Unabhängigkeit, Kreativität und Belastbarkeit.

Ein weiteres Kennzeichen der Kindheit war früher, Risiken einzugehen – auf Bäume zu klettern, den Wald zu erkunden oder mit dem Fahrrad einen Hügel hinunterzurasen. Diese Erfahrungen sind für Eltern zwar manchmal nervenaufreibend, aber entscheidend für das Wachstum. Sie bringen Kindern bei, Gefahren einzuschätzen, Selbstvertrauen aufzubauen und Ängste zu überwinden.

Heute liegt uns die Sicherheit so sehr am Herzen, dass wir viele dieser Möglichkeiten eliminiert haben. Spielplätze sind gepolstert und desinfiziert, und Kinder dürfen selten außer Sichtweite sein. Obwohl es wichtig ist, die Sicherheit von Kindern zu gewährleisten, lohnt es sich zu fragen: Sind wir zu weit gegangen?

Ohne die Möglichkeit, Risiken einzugehen, lernen Kinder nicht, mit Unsicherheit umzugehen oder sich von Misserfolgen zu erholen. Sie wachsen mit dem Glauben auf, dass die Welt gefährlicher ist als sie ist – und dass sie weniger fähig sind, als sie wirklich sind.

Die Freude der Langeweile

Langeweile hat einen schlechten Ruf, aber sie ist eines der besten Geschenke, die man einem Kind machen kann. Wenn Kinder nichts zu tun haben, schweifen ihre Gedanken ab. Sie erfinden Spiele, erzählen Geschichten oder basteln mit allem, was sie umgibt. Langeweile fördert die Kreativität auf eine Weise, wie es keine geplante Aktivität jemals könnte.

Leider ist Langeweile in der heutigen Welt fast ausgestorben. Da Bildschirme immer in Reichweite sind, haben Kinder (und Erwachsene) selten die Möglichkeit, ihren Gedanken nachzuhängen. Das Ergebnis ist ein ständiger Strom passiver Unterhaltung, der dazu führen kann, dass Kinder sich unruhig und unerfüllt fühlen.

Langeweile zu fördern bedeutet nicht, Kinder sich selbst überlassen zu lassen. Es bedeutet, eine Umgebung zu schaffen, in der sie die Werkzeuge – und die Freiheit – haben, sich zu unterhalten. Das kann bedeuten, Malutensilien oder Bausteine bereitzuhalten oder Kindern Zugang zu einem sicheren Außenbereich zu gewähren.

Ein Teil der Wiedererlangung der Kindheit besteht darin, das Bedürfnis loszulassen, dass alles perfekt sein muss. Unordentliche Räume, aufgeschürfte Knie und chaotische Spielverabredungen sind Teil des Prozesses. Kinder brauchen keine Pinterest-würdigen Geburtstagsfeiern oder sorgfältig geplante Ausflüge. Was sie brauchen, ist Zeit, Raum und Erlaubnis, ihre eigenen Erinnerungen zu schaffen.

Das bedeutet nicht, Regeln oder Routinen aufzugeben. Struktur hat ihren Platz, aber sie sollte das Wachstum eines Kindes unterstützen und nicht behindern. Ausgewogenheit ist der Schlüssel.

Die langfristigen Vorteile

Wenn Kinder Kinder sein dürfen, sind die Vorteile enorm. Sie entwickeln ein Gefühl der Neugier und des Staunens, das ihnen bis ins Erwachsenenalter erhalten bleibt. Sie lernen, sich selbstbewusst durch die Welt zu bewegen, Probleme kreativ zu lösen und sinnvolle Beziehungen aufzubauen.

Bei der Rückeroberung der Kindheit geht es nicht nur darum, Kindern jetzt ein besseres Erlebnis zu bieten – es geht auch darum, sie auf ein Leben voller Belastbarkeit und Freude vorzubereiten. Indem wir einen Schritt zurücktreten und Kindern die Möglichkeit geben, zu erkunden, sich etwas vorzustellen und zu spielen, geben wir ihnen die Werkzeuge, die sie brauchen, um erfolgreich zu sein.

Wenn Sie also das nächste Mal versucht sind, einzugreifen oder eine andere Aktivität zu planen, atmen Sie tief durch. Denken Sie daran, dass einige der wichtigsten Momente im Leben eines Kindes diejenigen sind, die es für sich selbst erschafft. Lass sie sich langweilen, lass sie Risiken eingehen und lass sie vor allem spielen.

Wenn Sie sich bei diesem Ansatz unsicher fühlen, sind Sie nicht allein. Viele Eltern sind unsicher, wie sie ihren Kindern die Freiheit geben können, die sie in der heutigen Welt brauchen. Aber es ist entscheidend, dass wir diesen Wandel vollziehen. Je mehr wir uns für unstrukturiertes Spielen einsetzen und wie wichtig es ist, Kindern die Möglichkeit zu geben, sie selbst zu sein, desto besser wird es unseren Kindern gehen. Und wenn sie erwachsen werden, werden sie es uns danken.

Kapitel 10

Werkzeuge zum Aufbau emotionaler Stärke

Wir leben in einer Welt, in der Kinder umgeben von Bildschirmen aufwachsen. Ob Telefone, Tablets oder Computer – Technologie ist überall – und sie wird nicht verschwinden. Aber im digitalen Zeitalter wächst die Sorge, dass unsere Kinder die Widerstandskraft verlieren, die sie brauchen, um die Herausforderungen des Lebens zu meistern. Tatsächlich kann der ständige Zugang zu Informationen, sozialen Medien und virtueller Unterhaltung es für Kinder schwieriger machen, die emotionale Stärke zu entwickeln, die sie für den Umgang mit schwierigen Situationen benötigen.

Als Eltern, Erzieher und Betreuer wissen wir, dass Resilienz wichtiger denn je ist. Es ist die Fähigkeit, sich von Rückschlägen zu erholen, weiterzumachen, wenn es schwierig wird, und Herausforderungen mit Zuversicht anzugehen. Beim Aufbau von Resilienz geht es jedoch nicht nur darum, Kindern den Umgang mit Misserfolgen beizubringen – es geht darum, ihnen die Fähigkeiten zu vermitteln, mit ihren Emotionen umzugehen und Probleme auf gesunde und produktive Weise zu lösen. In einer Welt, die ständig ablenkt und überreizt, ist dies keine leichte Aufgabe.

Hier ist die Sache: Kinder entwickeln keine Widerstandskraft, wenn sie vor Unannehmlichkeiten oder Widrigkeiten geschützt werden. Tatsächlich ist das Gegenteil der Fall. Durch die Auseinandersetzung mit Schwierigkeiten lernen Kinder, mit Stress umzugehen, ihre Emotionen zu regulieren und Bewältigungsstrategien zu entwickeln. Aber angesichts der ständigen Anziehungskraft der Technologie und der digitalen Welt können Kinder leicht überfordert, ängstlich und unsicher werden, wie sie mit den Herausforderungen des Lebens umgehen sollen.

Wie können wir Kindern helfen, in einer digitalen Welt emotionale Stärke aufzubauen? Zunächst müssen wir damit beginnen, Grenzen zu setzen. Wir alle wissen, dass zu viel Bildschirmzeit schädlich sein kann. Untersuchungen haben gezeigt, dass übermäßiger Zeitaufwand am Bildschirm zu vermehrter Angst, Depression und Schlafproblemen führen kann. Aber es geht nicht nur darum, die Bildschirmzeit zu begrenzen – es geht darum, Technologie bewusst einzusetzen. Anstatt gedankenlos zu scrollen oder endlose Videos anzuschauen, können wir Kinder dazu ermutigen, Technologie auf eine Weise zu nutzen, die ihr emotionales Wohlbefinden fördert.

Es gibt beispielsweise unzählige Apps und Online-Ressourcen, die Achtsamkeit, Entspannungstechniken und positive Selbstgespräche vermitteln. Anstatt sich in der Welt der sozialen Medien zu verlieren, ermutigen Sie Ihr Kind, diese Tools zu erkunden. Helfen Sie ihnen, durch Atemübungen oder Tagebuchführung zu lernen, wie sie mit Stress umgehen können. Zeigen Sie ihnen, dass Technologie keine Stressquelle sein muss; Es kann auch ein Werkzeug für Wachstum sein.

Bringen Sie Ihren Kindern als Nächstes bei, wie man Probleme löst. In einer digitalen Welt ist es für Kinder leicht, frustriert zu sein, wenn etwas nicht wie geplant läuft – sei es ein fehlgeschlagener Spiellevel, ein verpatzter Videoanruf oder eine fehlerhafte App. Aber der Schlüssel zum Aufbau von Resilienz liegt darin, zu lernen, mit Frustration umzugehen, anstatt aufzugeben oder sofort Hilfe zu suchen. Wenn Kinder online auf Probleme stoßen, sollten Sie sie ermutigen, kritisch darüber nachzudenken, wie sie das Problem selbst lösen können, anstatt sich zu beeilen, die Dinge für sie zu lösen. Stellen Sie Fragen wie: „Was können Sie als Nächstes versuchen?" oder „Wie können wir das Ihrer Meinung nach beheben?"

Bei diesem Ansatz geht es ihnen nicht nur darum, ihnen das Lösen digitaler Probleme beizubringen, sondern ihnen auch zu zeigen, dass sie in der Lage sind, Herausforderungen direkt anzugehen, ganz gleich, woher sie kommen. In einer Welt, in der alles schnell und leicht zugänglich ist, müssen Kinder verstehen, dass das Lösen von Problemen Zeit, Geduld und Beharrlichkeit erfordert.

Ein weiterer wichtiger Aspekt beim Aufbau von Resilienz in einer digitalen Welt besteht darin, Kindern beizubringen, ihre Emotionen zu regulieren. Für Kinder ist es leicht, sich von den Emotionen, die sie online erleben, mitreißen zu lassen – sei es die Frustration über ein Spiel, die Angst vor sozialen Medien oder die Enttäuschung über eine verpasste Gelegenheit. Je mehr Zeit Kinder online verbringen, desto stärker sind sie diesen intensiven emotionalen Auslösern ausgesetzt.

Eine Möglichkeit, Kindern bei der Entwicklung emotionaler Regulierung zu helfen, besteht darin, gesundes Verhalten zu modellieren. Wenn etwas schief geht, zeigen Sie ihnen, wie sie ruhig und nachdenklich reagieren können. Anstatt impulsiv zu reagieren, treten Sie einen Schritt zurück, atmen Sie durch und sprechen Sie über die Situation. Auf diese Weise bringen Sie Ihrem Kind bei, dass es in Ordnung ist, sich aufzuregen, es aber wichtig ist, mit diesen Gefühlen auf produktive Weise umzugehen. Wenn Kinder sehen, dass Erwachsene mit schwierigen Situationen ruhig und belastbar umgehen, ist es wahrscheinlicher, dass sie diese Verhaltensweisen nachahmen.

Fördern Sie schließlich reale Verbindungen. Eines der größten Risiken des Lebens in einer digitalen Welt ist die damit verbundene Isolation. Kinder können sich in ihrem virtuellen Leben verlieren und die Bedeutung persönlicher Beziehungen vergessen. Deshalb ist es so wichtig, Kinder zu ermutigen, Zeit mit Freunden, Familie und ihrer Gemeinschaft außerhalb der digitalen Welt zu verbringen. Egal, ob Sie spazieren gehen, draußen spielen oder einfach nur ein Gespräch ohne Ablenkung führen – diese Offline-Interaktionen sind für emotionales Wachstum und Belastbarkeit unerlässlich.

Denken Sie daran: Beim Aufbau von Resilienz geht es nicht darum, Kinder vor der Welt abzuschirmen – es geht darum, ihnen die Werkzeuge zu geben, die sie brauchen, um die Herausforderungen des Lebens zu meistern. Im digitalen Zeitalter erfordert dies ein Gleichgewicht zwischen einem gesunden Einsatz von Technologie und der Schaffung von Raum für reale Erfahrungen, die Kindern beim Wachsen helfen. Indem wir Grenzen setzen, Problemlösungen lehren, emotionale Regulierung modellieren und reale Verbindungen fördern, können wir unseren Kindern helfen, die emotionale Stärke zu entwickeln, die sie brauchen, um in einer zunehmend digitalen Welt erfolgreich zu sein.

Ja, Technologie hat ihren Platz. Aber es sollte nicht die Oberhand gewinnen. Es sollte nicht die realen Erfahrungen ersetzen, die Kindern beibringen, mit den Höhen und Tiefen des Lebens umzugehen. Die Welt verändert sich, aber das bedeutet nicht, dass wir unseren Kindern nicht die Fähigkeiten vermitteln können, die sie benötigen, um sich dieser Herausforderung zu stellen. Lassen Sie uns jetzt Maßnahmen ergreifen und Kindern die Widerstandsfähigkeit geben, die sie brauchen, um online und offline erfolgreich zu sein.

Jennifer R. Greger

Kapitel 11

Echte Lösungen finden

Viele Eltern entscheiden sich für eine Therapie für ihr Kind aus tiefer Liebe und Sorge – dem Wunsch, ihre Probleme zu lindern und echte Lösungen zu finden. Aber der Prozess kann entmutigend sein. Bei so vielen verfügbaren Optionen ist es schwer zu wissen, was wirklich einen Unterschied macht. Wir sehen die Zunahme psychischer Probleme und wissen, dass Kinder mehr denn je unter Druck stehen. Als Eltern, Lehrer und Betreuer sind wir entschlossen, ihnen dabei zu helfen, erfolgreich zu sein, aber es ist wichtig, die richtige Therapie zu finden.

Die Realität ist, dass nicht jede Therapie gleich wirksam ist. Während unzählige erfahrene Therapeuten lebensverändernde Arbeit leisten, greifen einige Ansätze zu kurz. Der Schlüssel zum Erfolg liegt im Verständnis evidenzbasierter Praktiken – derjenigen, die auf solider Forschung und nachgewiesenen Ergebnissen basieren.

Wenn Sie eine Therapie für Ihr Kind in Betracht ziehen, ist es wichtig zu wissen, was funktioniert. Lassen Sie uns die effektivsten, forschungsgestützten Ansätze aufschlüsseln und sehen, wie sie bedeutungsvolle Veränderungen für Kinder bewirken können, die mit Angstzuständen, Depressionen und anderen Herausforderungen zurechtkommen.

Kognitive Verhaltenstherapie (CBT)

Die kognitive Verhaltenstherapie (CBT) gilt weithin als einer der wirksamsten Ansätze zur Bewältigung psychischer Probleme, insbesondere Angstzustände und Depressionen. Seine evidenzbasierten Methoden bieten Kindern praktische Werkzeuge, um ihre Gedanken, Gefühle und Verhaltensweisen besser zu verstehen und zu steuern. Im Gegensatz zu einigen Therapien, die sich ausschließlich auf das Sprechen über Gefühle konzentrieren, ist CBT handlungsorientiert und vermittelt Kindern Fähigkeiten, die sie in ihrem täglichen Leben nutzen können, um mit Stress und negativen Denkmustern umzugehen.

Wie funktioniert CBT?

Im Kern hilft CBT Kindern, den Zusammenhang zwischen ihren Gedanken, Gefühlen und Verhaltensweisen zu erkennen. Stellen Sie sich ein Kind vor, das sich ständig sagt: „Ich bin ein Versager" oder „Bei mir läuft nie etwas gut." Diese automatischen, negativen Gedanken können Angst, Traurigkeit oder Wut schüren und einen schädlichen Kreislauf schaffen, dem man nur schwer entkommen kann. CBT versetzt Kinder in die Lage, diese Gedanken zu hinterfragen, indem sie Verzerrungen erkennen und sie durch ausgewogenere, realistischere Perspektiven ersetzen.

Ein Kind könnte zum Beispiel befürchten, dass es bei einer bevorstehenden Prüfung völlig durchfällt. Durch CBT werden sie angeleitet, diese Angst in etwas Konstruktives umzuwandeln, wie zum Beispiel: „Ich habe mich auf diesen Test vorbereitet." Auch wenn es schwer ist, ich werde mein Bestes geben, und das reicht." Diese Verschiebung verringert nicht nur die momentane Angst, sondern fördert auch die langfristige Widerstandsfähigkeit.

Praktische Werkzeuge, die Kinder jeden Tag nutzen können

Bei CBT geht es nicht nur darum, Gedanken zu ändern, sondern auch darum, Maßnahmen zu ergreifen. Kinder lernen praktische Strategien, die sie in realen Situationen anwenden können. Zum Beispiel:

- Entspannungstechniken: Kindern werden Atemübungen und Entspannungsmethoden beigebracht, um ihren Körper zu beruhigen, wenn die Angst zunimmt. Wenn Sie lernen, mit körperlichen Stresssymptomen wie Herzrasen oder Engegefühl in der Brust umzugehen, können sich überwältigende Situationen beherrschbar anfühlen.

- Expositionstherapie: CBT führt einen schrittweisen Ansatz ein, um Ängsten kontrolliert und schrittweise zu begegnen. Wenn ein Kind Angst davor hat, vor einer Gruppe zu sprechen, übt es möglicherweise zunächst eine Rede alleine, dann mit einem Elternteil und schließlich vor ein paar Freunden. Jeder kleine Erfolg stärkt ihr Selbstvertrauen und lässt die Angst verschwinden.

Warum ist CBT so effektiv?

Ein Grund für den Erfolg der kognitiven Verhaltenstherapie liegt darin, dass sie den Schwerpunkt auf Fähigkeiten legt, die Kinder noch lange nach Ende der Therapie mitnehmen können. Anstatt sich nur auf das zu konzentrieren, was falsch läuft, gibt es Kindern Werkzeuge an die Hand, mit denen sie ihre geistige Gesundheit aktiv verbessern können. Kinder lernen, nicht hilfreiche Denkmuster zu erkennen, mit Stress umzugehen und Herausforderungen mit einer Wachstumsmentalität anzugehen.

Darüber hinaus ist CBT anpassungsfähig – es kann auf die individuellen Bedürfnisse jedes Kindes zugeschnitten werden. Unabhängig davon, ob ein Kind mit sozialen Ängsten, Zwangsgedanken oder einem geringen Selbstwertgefühl zu kämpfen hat, können die Prinzipien der kognitiven Verhaltenstherapie an seine spezifischen Anliegen angepasst werden.

Was können Eltern von CBT erwarten?

Die kognitive Verhaltenstherapie ist strukturiert und dauert in der Regel zwischen 12 und 20 Sitzungen, abhängig von den Bedürfnissen des Kindes. Eltern werden häufig in den Prozess einbezogen, um die Fortschritte ihres Kindes zu unterstützen. Diese Beteiligung kann das Erlernen von Techniken zur Stärkung der CBT-Strategien zu Hause oder das Verstehen, wie man die nicht hilfreichen Denkmuster ihres Kindes erkennt und unterbricht, umfassen.

Für viele Kinder ist kognitive Verhaltenstherapie ein entscheidender Faktor. Es bietet nicht nur eine Linderung der Symptome, sondern auch einen Weg zu gesünderem Denken und stärkeren Bewältigungsfähigkeiten. In einer Welt, die sich für Kinder zunehmend überwältigend anfühlt, gibt ihnen CBT die Werkzeuge an die Hand, um Herausforderungen direkt zu meistern und die Kontrolle über ihre Gefühle und Handlungen zurückzugewinnen.

Expositionstherapie

Die Expositionstherapie, ein leistungsstarker Ableger der kognitiven Verhaltenstherapie (CBT), ist ein spezieller Ansatz, der Kindern dabei helfen soll, angstbasierte Herausforderungen wie Phobien, soziale Ängste und zwanghaftes Verhalten zu bewältigen und zu überwinden. Anstatt zu vermeiden, was ihnen Angst macht – eine natürliche, aber einschränkende Reaktion – führt die Expositionstherapie Kinder dazu, sich ihren Ängsten auf kontrollierte und beherrschbare Weise zu stellen.

Wie funktioniert die Expositionstherapie?

Das Konzept der Konfrontationstherapie ist einfach, aber transformativ: Die wiederholte Konfrontation mit einem gefürchteten Objekt, einer gefürchteten Situation oder einem gefürchteten Erlebnis verringert die Angst mit der Zeit. Durch die Konfrontation mit dem, wovor sie Angst haben, beginnen Kinder in kleinen, schrittweisen Schritten, ihre emotionale Reaktion zu desensibilisieren und zu erkennen, dass ihre Angst nicht so überwältigend oder gefährlich ist, wie es scheint.

Stellen Sie sich zum Beispiel ein Kind vor, das große Angst vor Hunden hat. Das Meiden von Hunden mag kurzfristig Erleichterung bringen, bestärkt aber den Glauben, dass Hunde von Natur aus gefährlich sind, was die Angst am Leben hält. Die Expositionstherapie dreht dieses Skript um. Das Kind kann sich zunächst Bilder von Hunden in einer sicheren Umgebung ansehen und sich dann Videos von Hunden ansehen. Irgendwann sitzen sie vielleicht im selben Raum wie ein ruhiger, angeleinter Hund, bevor sie sich daran machen, einen zu streicheln. Jeder Schritt stärkt das Selbstvertrauen und verändert das Verständnis des Kindes für seine Angst.

Warum schrittweise Schritte der Schlüssel sind

Einer der Gründe, warum die Expositionstherapie so effektiv ist, ist ihr schrittweiser Charakter. Durch den schrittweisen Ansatz wird sichergestellt, dass Kinder nicht überfordert oder erneut traumatisiert werden. Für ein Kind mit sozialen Ängsten zum Beispiel legt das Beginnen mit etwas Kleinem – wie dem Blickkontakt mit einem Fremden oder dem „Dankeschön" sagen bei einer Kassiererin – den Grundstein für größere Herausforderungen, wie das Sprechen vor einer Gruppe oder die Teilnahme an einem geselligen Beisammensein Ereignis.

Durch die Aufteilung des Prozesses in überschaubare Schritte können Kinder in jeder Phase Erfolg haben, was ihre Widerstandsfähigkeit stärkt und die Gesamtintensität ihrer Angst verringert. Der Schlüssel ist Konsistenz; Kleine Expositionen, die sich über einen längeren Zeitraum wiederholen, führen zu dauerhaften Veränderungen in der Art und Weise, wie das Gehirn auf wahrgenommene Bedrohungen reagiert.

Ein entscheidender Aspekt der Expositionstherapie besteht darin, sicherzustellen, dass sich Kinder während des gesamten Prozesses gestärkt fühlen. Therapeuten beziehen Kinder häufig in die Erstellung der „Angstleiter" ein, einer Liste immer anspruchsvollerer Stufen, die sie nach und nach ihrer Angst aussetzen. Durch die Beteiligung an der Planung verspüren Kinder ein Gefühl der Kontrolle und Eigenverantwortung für ihre Fortschritte.

Beispielsweise könnte ein Kind, das große Angst davor hat, in der Öffentlichkeit zu sprechen, dabei helfen, eine Leiter aufzubauen, die mit dem Üben einer Rede vor einem Spiegel beginnt, dann dazu übergeht, vor einem vertrauenswürdigen Familienmitglied zu sprechen und schließlich dazu übergeht, in der Schule eine kurze Präsentation zu halten . In jeder Phase kann das Kind entscheiden, wann es bereit ist, mit dem nächsten Schritt fortzufahren, wodurch der Prozess weniger einschüchternd und kollaborativer wird.

Was macht die Expositionstherapie so effektiv?

Der Erfolg der Expositionstherapie liegt darin, wie sie die Reaktion des Gehirns auf Angst neu verdrahtet. Wenn ein Kind etwas vermeidet, das ihm Angst macht, hat sein Gehirn nie die Chance zu lernen, dass die Situation nicht so bedrohlich ist, wie es sich anfühlt. Die Expositionstherapie unterbricht diesen Kreislauf und lehrt das Gehirn, dass das gefürchtete Objekt oder die gefürchtete Situation ohne katastrophale Folgen angegangen werden kann.

Durch wiederholte Exposition verspüren Kinder allmählich weniger Angst und Unruhe. Sie entwickeln auch wichtige Fähigkeiten, wie z. B. das Ertragen von Beschwerden und den Umgang mit körperlichen Stresssymptomen. Diese Lektionen gehen über die spezifische Angst hinaus, die sie ansprechen, und befähigen sie, andere Herausforderungen mit größerem Selbstvertrauen zu meistern.

Reale Anwendungen der Expositionstherapie

Die Expositionstherapie ist nicht auf Phobien beschränkt – sie ist ein vielseitiges Instrument, das ein breites Spektrum angstbasierter Probleme behandeln kann. Einige Beispiele sind:

- Soziale Angst: Ein Kind könnte damit beginnen, einen Klassenkameraden zu begrüßen, und sich dann darauf vorbereiten, an einem Gruppengespräch teilzunehmen.

- Zwanghaftes Verhalten: Ein Kind, das zwanghaft seine Hände wäscht, könnte damit beginnen, eine saubere Oberfläche zu berühren und die Zeit bis zum Händewaschen schrittweise verlängern.

- Angst vor medizinischen Eingriffen: Ein Kind, das Angst vor Impfungen hat, könnte damit beginnen, eine Spielzeugspritze in der Hand zu halten und dann zuzusehen, wie ein Familienmitglied geimpft wird.

Eine Expositionstherapie kann eine Herausforderung sein, aber mit der richtigen Unterstützung kann sie auch bestärkend sein. Eltern spielen in diesem Prozess eine entscheidende Rolle, indem sie Mut machen, kleine Erfolge feiern und dem Drang widerstehen, ihr Kind vor Unbehagen zu „retten". Während es natürlich ist, dass Sie Ihr Kind vor der Angst schützen möchten, stärkt es seine Unabhängigkeit und Widerstandsfähigkeit, wenn Sie einen Schritt zurücktreten und es sich der Angst stellen.

Im Kern geht es bei der Konfrontationstherapie darum, Kindern die Werkzeuge an die Hand zu geben, mit denen sie ihr Leben aus der Angst zurückgewinnen können. Indem Kinder sich ihren Sorgen direkt stellen – einen kleinen Schritt nach dem anderen –, können sie das Selbstvertrauen und den Mut gewinnen, sich in einer Welt zurechtzufinden, die einst überwältigend wirkte.

Achtsamkeitsbasierte Therapie

Die auf Achtsamkeit basierende Therapie verleiht Kindern die Fähigkeit, sich auf den gegenwärtigen Moment zu konzentrieren, und bietet ein wirkungsvolles Werkzeug, um mit Angst, Stress und sogar Wut umzugehen. Dieser therapeutische Ansatz lehrt Kinder, ihre Gedanken und Gefühle ohne Wertung zu beobachten, sodass sie auf Emotionen reagieren können, anstatt sich von ihnen überwältigen zu lassen.

Was ist Achtsamkeit?

Im Kern geht es bei Achtsamkeit um Achtsamkeit – völlige Präsenz im Hier und Jetzt. Es umfasst einfache, leicht zugängliche Techniken wie tiefes Atmen, Körperscans und Sinnesübungen. Diese Praktiken helfen Kindern, sich auf ihren Körper, ihre Emotionen und ihre Umgebung einzustimmen und so einen Raum zwischen dem, was sie fühlen, und ihrer Reaktion zu schaffen.

Beispielsweise könnte ein Kind, das unter Prüfungsangst leidet, spüren, wie sein Herz rast und sein Geist von Sorgen über ein Versagen überschwemmt wird. Durch Achtsamkeit lernen sie, diese körperlichen und emotionalen Reaktionen zu erkennen, langsam und tief zu atmen und sich auf die Empfindungen ihrer Füße auf dem Boden oder ihrer Hände auf dem Schreibtisch zu konzentrieren. Diese erdende Praxis unterbricht den Kreislauf der Panik und hilft ihnen, die Kontrolle zurückzugewinnen.

Kinder mit Angstzuständen fühlen sich oft in einem Wirbelsturm aus „Was-wäre-wenn"-Szenarien und Worst-Case-Szenarien gefangen. Achtsamkeit lehrt sie eine andere Art, mit ihren Gedanken umzugehen. Anstatt zu versuchen, ängstliche Gefühle zu unterdrücken oder zu vermeiden, lernen sie, sie ohne Angst anzuerkennen.

Achtsamkeit hilft Kindern beispielsweise zu verstehen, dass es normal ist, sich vor einem großen Ereignis Sorgen zu machen oder wütend zu sein, wenn etwas nicht nach ihren Wünschen läuft. Anstatt impulsiv zu handeln – etwa die Teilnahme zu verweigern oder um sich zu schlagen – wird ihnen beigebracht, innezuhalten, durchzuatmen und zu überlegen, wie sie reagieren möchten. Diese Fähigkeit, einen Schritt zurückzutreten und ihre Emotionen zu beobachten, kann ihren Umgang mit Stress und Frustration verändern.

Praktische Techniken, die Kinder lernen

Achtsamkeitsbasierte Therapie ist praxisnah und daher besonders für Kinder attraktiv. Einige gängige Techniken sind:

- Tiefes Atmen: Kinder lernen, langsam und bewusst zu atmen, um ihr Nervensystem zu beruhigen. Für jüngere Kinder kann dies so einfach sein, dass sie so tun, als würden sie einen Luftballon aufblasen oder an einer Blume riechen.

- Körperscans: Durch die Fokussierung auf verschiedene Körperteile – wie Zehen, Beine und Arme – werden sich Kinder körperlicher Empfindungen bewusster, was ihnen hilft, sich mit dem gegenwärtigen Moment zu verbinden.

- Fünf-Sinne-Übung: Kinder werden angeleitet, Dinge zu benennen, die sie um sich herum sehen, hören, berühren, riechen und schmecken können. Dieses sensorische Bewusstsein lenkt ihre Aufmerksamkeit weg von den Sorgen und hin zum gegenwärtigen Moment.

- Achtsames Tagebuchschreiben: Ältere Kinder können ihre Gedanken und Gefühle in einem Tagebuch reflektieren und so die Selbstwahrnehmung und emotionale Regulierung fördern.

Diese Techniken lassen sich leicht zu Hause, in der Schule oder während Therapiesitzungen praktizieren und sind daher wertvolle Werkzeuge für den Alltag.

Lebenslange Vorteile der Achtsamkeit

Was die auf Achtsamkeit basierende Therapie so wirkungsvoll macht, ist ihr langfristiger Wert. Während es Ängste und Stress sofort lindert, stattet es Kinder auch mit Fähigkeiten aus, die sie ein Leben lang nutzen können. Die Fähigkeit, innezuhalten, nachzudenken und nachdenklich zu reagieren, ist ein Grundpfeiler emotionaler Belastbarkeit.

Zusätzlich zu den emotionalen Vorteilen kann Achtsamkeit die Konzentration und Aufmerksamkeit verbessern. Kinder, denen es schwerfällt, sich im Unterricht zu konzentrieren, stellen oft fest, dass Achtsamkeit ihnen hilft, Ablenkungen auszublenden und sich auf ihre Aufgaben zu konzentrieren. Mit der Zeit können dadurch die akademischen Leistungen und das Selbstvertrauen gestärkt werden.

Ein Kind, das regelmäßig Achtsamkeit übt, ist besser für die Bewältigung von Herausforderungen gewappnet, sei es die Bewältigung einer schwierigen Freundschaft, der Umgang mit einem Familienkonflikt oder die Vorbereitung auf eine große Prüfung. Sie lernen, dass sie zwar nicht immer kontrollieren können, was um sie herum passiert, aber sie können kontrollieren, wie sie reagieren.

Bei Achtsamkeit geht es nicht darum, Stress abzubauen oder negative Emotionen zu beseitigen; Es geht darum, die Art und Weise zu verändern, wie Kinder sie erleben und darauf reagieren. Indem Kinder lernen, ihre Gedanken und Gefühle mit Neugier und nicht mit Urteilen anzugehen, entwickeln sie ein Gefühl der Ruhe und Selbstsicherheit, das sich auf jeden Aspekt ihres Lebens auswirkt. In einer Welt voller Ablenkungen und Herausforderungen hilft die auf Achtsamkeit basierende Therapie Kindern, Atemzug für Atemzug ihre Mitte zu finden.

Spieltherapie

Für jüngere Kinder, denen es möglicherweise schwerfällt, ihre Gefühle auszudrücken, bietet die Spieltherapie eine einzigartige und wirksame Möglichkeit zur Kommunikation und Heilung. Durch die Nutzung des Spiels als primäre Art der Interaktion schafft dieser therapeutische Ansatz einen sicheren Raum für Kinder, in dem sie ihre Gefühle ausdrücken, schwierige Erfahrungen verarbeiten und Bewältigungsstrategien entwickeln können – und das alles auf eine Art und Weise, die sich natürlich und nicht einschüchternd anfühlt.

Warum Spieltherapie funktioniert

Kindern fehlt oft der Wortschatz oder die emotionale Reife, um zu erklären, was sie fühlen. Die Spieltherapie schließt diese Lücke, indem sie ihnen ein Medium an die

Hand gibt – sei es Spielzeug, Kunst oder Spiele –, das zu ihrem Entwicklungsstadium passt. Durch Spielen können Kinder ihre Ängste, Traurigkeit, Frustrationen oder sogar ihre Wut auf eine Weise ausdrücken, die keiner verbalen Erklärung bedarf.

Beispielsweise fehlen einem Kind, das sich nach der Scheidung seiner Eltern Sorgen macht, möglicherweise nicht die richtigen Worte, um seine Verwirrung oder Traurigkeit zu beschreiben. Sie können jedoch mithilfe von Puppen oder Bauklötzen eine Geschichte erfinden, die ihre innere Welt widerspiegelt. Diese indirekte Form der Kommunikation ermöglicht es Therapeuten, die Emotionen des Kindes zu verstehen und darauf einzugehen, ohne es zu einem Gespräch zu zwingen, zu dem es möglicherweise nicht bereit ist.

Was passiert in der Spieltherapie?

Spieltherapiesitzungen sind strukturiert, aber flexibel und passen sich den Bedürfnissen und Interessen des Kindes an. Ein Therapeut kann bestimmte Aktivitäten einführen oder einfach beobachten, wie ein Kind mit den bereitgestellten Spielzeugen und Materialien interagiert. Hier sind einige gängige Tools und Techniken:

- Puppen und Figuren: Kinder können Puppen oder Actionfiguren verwenden, um Szenarien nachzuspielen und Einblicke in ihre Ängste, Konflikte oder Wünsche zu geben.

- Künstlerbedarf: Zeichnen, Malen oder Basteln kann Kindern dabei helfen, Gefühle auszudrücken, die sie nicht in Worte fassen können. Beispielsweise könnte ein Kind, das mit Wut zu kämpfen hat, chaotische Formen malen oder kräftige Farben verwenden, um aufgestaute Frustration loszulassen.

- Spiele: Mit einfachen Brett- oder Kartenspielen können Therapeuten beobachten, wie ein Kind mit Frustration, Konkurrenz oder Kooperation umgeht.

- Sandkästen: Mit Miniaturen und einem Sandkasten schaffen Kinder Szenen, die ihre inneren Gedanken oder Erfahrungen widerspiegeln und eine symbolische Möglichkeit bieten, ihre Gefühle zu erkunden.

Durch diese Aktivitäten können Therapeuten Themen im Spiel des Kindes identifizieren, die zugrunde liegende Kämpfe oder emotionale Bedürfnisse offenbaren.

Wer profitiert am meisten von der Spieltherapie?

Spieltherapie ist besonders wirksam für Kinder, die Traumata, bedeutende Veränderungen im Leben oder emotionale Schwierigkeiten erlebt haben. Es wird oft verwendet, um Kindern die Navigation zu erleichtern:

- Trauma: Körperliche Misshandlung, Vernachlässigung oder Zeuge von Gewalt.

- Trauer: Verlust eines geliebten Menschen oder eines Haustieres.

- Familien Veränderungen: Scheidung, Wiederverheiratung oder Umzug in ein neues Zuhause.

- Soziale oder verhaltensbezogene Herausforderungen: Schwierigkeiten, Freunde zu finden, mit Wut umzugehen oder Regeln zu befolgen.

Die Flexibilität der Spieltherapie macht sie zur idealen Wahl für Kinder, die sich von der traditionellen Gesprächstherapie überfordert fühlen oder zu jung sind, um ihre Gefühle vollständig zu verstehen oder zu artikulieren.

Einer der bedeutendsten Vorteile der Spieltherapie ist ihre Fähigkeit, Kindern beim Aufbau emotionaler Belastbarkeit zu helfen. Indem Kinder ihre Gefühle in einer sicheren Umgebung verarbeiten, lernen sie:

- Selbstausdruck: Sie entdecken, wie sie Emotionen auf gesündere Weise kommunizieren können.

- Fähigkeiten zur Problemlösung: Beim Spielen geht es oft um Herausforderungen oder Szenarien, die kreatives Denken und Anpassungsfähigkeit fördern.

- Emotionale Regulierung: Durch Aktivitäten wie Spiele oder Rollenspiele üben Kinder, mit Frustration, Enttäuschung oder Angst umzugehen.

Diese Fähigkeiten gehen über den Therapieraum hinaus und statten Kinder mit Werkzeugen aus, mit denen sie reale Herausforderungen effektiver meistern können.

Die sanfte Kraft des Spiels

Was die Spieltherapie so wirkungsvoll macht, ist ihr sanfter, kindzentrierter Ansatz. Es zwingt Kinder nicht dazu, sich ihren Gefühlen direkt zu stellen oder Antworten zu verlangen, die sie vielleicht nicht haben. Stattdessen können sie ihre Emotionen in ihrem eigenen Tempo und auf ihre eigene Weise verarbeiten.

Beispielsweise könnte ein Kind, das ein traumatisches Ereignis erlebt hat, zunächst zurückhaltend sein, sich darauf einzulassen. Im Laufe der Zeit können sie spielerisch nach und nach Elemente ihrer Erfahrung offenbaren – vielleicht durch eine Geschichte über Superhelden, die Gefahren überwinden, oder über Tiere, die Sicherheit finden. Diese symbolischen Darstellungen geben dem Therapeuten wertvolle Erkenntnisse und geben dem Kind gleichzeitig ein Gefühl der Kontrolle und Ermächtigung

Die Spieltherapie erinnert uns daran, dass Heilung nicht immer durch Worte geschieht. Manchmal können die einfachsten und natürlichsten Ausdrucksformen – wie das

Bauen mit Bauklötzen oder das Malen eines Bildes – zu tiefgreifendem emotionalem Wachstum führen.

Familientherapie

Familientherapie ist ein weiteres wichtiges Instrument, um Kindern zu helfen, emotional aufzublühen. Wenn ein Kind Schwierigkeiten hat, wirkt sich das oft auf die gesamte Familiendynamik aus. Familientherapie bringt alle zusammen, um an der Verbesserung der Kommunikation, der Lösung von Konflikten und der Schaffung einer unterstützenden häuslichen Umgebung zu arbeiten. Dieser Ansatz ist besonders wichtig für Familien, die mit anhaltendem Stress oder Lebensveränderungen zu kämpfen haben, die sich auf das Wohlbefinden eines Kindes auswirken

In der Familientherapie hat jeder die Möglichkeit, seine Gefühle, Sorgen und Sichtweisen zu äußern. Es fördert die Zusammenarbeit, das Verständnis und die Problemlösung als Einheit. Insbesondere Eltern können davon profitieren, neue Strategien zur Unterstützung der psychischen Gesundheit ihres Kindes zu erlernen, während Kinder lernen können, ihre Bedürfnisse und Gefühle effektiver auszudrücken.

Die wichtigste Erkenntnis hierbei ist, dass es bei einer wirksamen Therapie nicht darum geht, eine schnelle Lösung zu finden oder Kinder mit Störungen zu kennzeichnen und ihnen Medikamente zu geben. Es geht darum, Kindern die Werkzeuge an die Hand zu geben, die sie brauchen, um ihre Emotionen zu verstehen, negative Gedankenmuster in Frage zu stellen und die Widerstandskraft aufzubauen, die sie brauchen, um erfolgreich zu sein. Evidenzbasierte Therapien wie CBT, Konfrontationstherapie, Achtsamkeit, Spieltherapie und Familientherapie helfen Kindern nachweislich bei der Entwicklung dieser Fähigkeiten.

Wenn Sie über eine Therapie für Ihr Kind nachdenken, ist es wichtig, informiert zu sein. Stellen Sie sicher, dass der von Ihnen gewählte Therapeut in diesen evidenzbasierten Praktiken geschult ist und nachweislich Kindern bei der Bewältigung ähnlicher Herausforderungen geholfen hat. Auch wenn eine Therapie einige Zeit in Anspruch nehmen kann, ist sie die Mühe wert. Echte, dauerhafte Veränderungen passieren, wenn wir Kindern die richtigen Werkzeuge und Unterstützung geben, die sie brauchen, um zu wachsen und emotional erfolgreich zu sein.

Als Eltern, Betreuer und Erzieher müssen wir uns auch dazu verpflichten, aktiv an diesem Prozess teilzunehmen. Therapie findet nicht nur in der Praxis des Therapeuten statt – sie muss zu Hause, in Schulen und in unseren Gemeinden unterstützt werden. Lassen Sie uns proaktiv sein und echte Lösungen finden, die funktionieren, und Kindern die besten Chancen geben, ihre Herausforderungen zu meistern und in der Welt, die vor ihnen liegt, erfolgreich zu sein.

Kapitel 12

Die Screen-Life-Balance

Bildschirme sind überall. Sie sind zu unseren Arbeitsplätzen, Klassenzimmern, Unterhaltungszentren und sogar zu unseren sozialen Kreisen geworden. Für Kinder ist Technologie ein integraler Bestandteil ihrer Welt – aber sie ist auch ein zweischneidiges Schwert. Während Bildschirme unglaubliche Lern- und Kontaktmöglichkeiten bieten, kann eine übermäßige oder unausgewogene Nutzung zu Problemen mit der Aufmerksamkeit, dem Schlaf und der psychischen Gesundheit führen. Es ist wichtig, eine gesunde Balance zwischen Bildschirm und Leben zu finden, und das beginnt mit kleinen, bewussten Schritten.

Es ist leicht, die Technologie für alle Probleme verantwortlich zu machen, mit denen Kinder heute konfrontiert sind, aber die Realität ist differenzierter. Technologie selbst ist nicht grundsätzlich schädlich; Es kommt darauf an, wie und wann wir es nutzen. Ein Kind, das Bildschirme nutzt, um eine neue Fähigkeit zu erlernen, ein Hobby zu erforschen oder mit entfernten Verwandten in Kontakt zu treten, erlebt nicht die gleichen Auswirkungen wie ein Kind, das stundenlang auf Kosten des Schlafs durch soziale Medien scrollt oder Videospiele spielt.

Um eine gesündere Beziehung zu Bildschirmen aufzubauen, ist es wichtig, ihre Rolle im Leben Ihres Kindes zu verstehen. Stellen Sie Fragen wie:

- Welchem Zweck dient diese Bildschirmzeit? Ist es zur Bildung, zur Entspannung oder einfach nur eine Gewohnheit?

- Wie fühlt sich Ihr Kind danach? Energiegeladen, inspiriert oder ausgelaugt?

- Beeinträchtigt es andere Lebensbereiche? Lassen sie zum Beispiel Mahlzeiten aus, verpassen sie das Spielen im Freien oder haben sie Probleme mit den Schulaufgaben?

Mithilfe dieser Fragen können Sie feststellen, ob die Technologie in einer Weise eingesetzt wird, die das Wohlbefinden Ihres Kindes fördert oder beeinträchtigt.

Klare und realistische Grenzen setzen

Eine häufige Herausforderung für Eltern besteht darin, zu entscheiden, wie viel Zeit vor dem Bildschirm „zu viel" ist. Die Wahrheit ist, dass es keine allgemeingültige Antwort gibt – sie hängt vom Alter, der Persönlichkeit des Kindes und anderen Faktoren ab. Klare und realistische Grenzen können jedoch helfen, eine Überbeanspruchung zu verhindern.

Hier sind einige praktische Strategien:

- Richten Sie bildschirmfreie Zonen ein: Legen Sie bestimmte Bereiche Ihres Zuhauses – wie den Esstisch oder die Schlafzimmer – als bildschirmfreie Zonen fest. Dies fördert die persönliche Interaktion und verbessert die Schlafhygiene.

- Legen Sie Zeitlimits fest: Verwenden Sie integrierte Tools auf Geräten, um die Nutzung zu überwachen und zu begrenzen. Für jüngere Kinder sollten Sie nicht mehr als 1–2 Stunden Freizeit vor dem Bildschirm pro Tag anstreben.

- Schaffen Sie technikfreie Momente: Fördern Sie technikfreie Zeiten während der Familienzeit, wie zum Beispiel Brettspielabende oder Wochenendausflüge.

Es ist wichtig, auch diese Verhaltensweisen zu modellieren. Kinder halten sich eher an die Bildschirmregeln, wenn sie sehen, dass ihre Eltern sich ebenfalls von den Geräten entfernen.

Ersetzen von Bildschirmen durch ansprechende Alternativen

Ein Grund dafür, dass Kinder sich zu Bildschirmen hingezogen fühlen, ist, dass sie einfach und unterhaltsam sind. Um die Abhängigkeit von Technologie zu verringern, bieten Sie ansprechende Alternativen an, die ihr Interesse wecken:

- Kreative Aktivitäten: Stellen Sie Kunstprojekte vor, kochen Sie oder bauen Sie Modelle – Aktivitäten, die Konzentration erfordern und die Kreativität fördern.

- Outdoor-Abenteuer: Ein einfacher Spaziergang, eine Radtour oder ein Besuch in einem örtlichen Park können die Bildschirm Gewohnheit aufgeben und gleichzeitig die körperliche Gesundheit fördern.

- Soziale Interaktion: Ermutigen Sie persönliche Spielverabredungen oder Gruppenaktivitäten, die reale Kontakte fördern.

Das Ziel besteht nicht darin, Bildschirme vollständig zu eliminieren, sondern ein Gleichgewicht zu schaffen, bei dem Offline-Erlebnisse genauso attraktiv sind.

Verwalten der Nutzung sozialer Medien

Für ältere Kinder und Jugendliche können soziale Medien ein wichtiger Teil ihres Lebens sein. Es kann zwar ein Gefühl der Verbundenheit vermitteln, aber auch zu Vergleichen, Ängsten und einem schlechten Selbstwertgefühl führen. Die Verwaltung der Social-Media-Nutzung ist von entscheidender Bedeutung:

- Fördern Sie die absichtliche Nutzung: Bringen Sie Ihrem Kind bei, soziale Medien achtsam zu nutzen

– indem es mit Freunden in Kontakt tritt und positive Momente teilt, anstatt endlos zu scrollen.

- Überwachen Sie ohne Mikromanagement: Seien Sie sich der von ihnen verwendeten Plattformen bewusst und besprechen Sie, was zum Teilen oder Ansehen online geeignet ist.

- Planen Sie Pausen ein: Führen Sie regelmäßige Social-Media-Pausen ein, um die Abhängigkeit zu verringern und reale Interaktionen zu fördern.

Eines der größten Risiken einer übermäßigen Bildschirmnutzung besteht darin, dass sie häufig wichtige Offline-Erlebnisse wie Schlaf, körperliche Aktivität und sinnvolle Interaktionen mit der Familie ersetzt. Die Wiederherstellung dieser Lebensbereiche kann das Wohlbefinden eines Kindes erheblich verbessern.

- Priorisieren Sie den Schlaf: Blaues Licht von Bildschirmen kann den Schlafrhythmus stören. Legen Sie die Regel fest, dass alle Geräte mindestens eine Stunde vor dem Schlafengehen ausgeschaltet werden.

- Bewegung fördern: Kinder brauchen körperliche Aktivität, um gesund zu bleiben und Stress zu bewältigen. Ganz gleich, ob Sie Sport treiben, einen Tanzkurs besuchen oder einfach nur im Hinterhof herumlaufen, machen Sie Bewegung zur täglichen Priorität.

- Bauen Sie Familienroutinen auf: Erstellen Sie Rituale, die keine Bildschirme erfordern, wie zum Beispiel gemeinsames Kochen oder Vorlesen vor dem Schlafengehen.

Letztlich geht es darum, den Kindern beizubringen, wie sie ihre Bildschirmnutzung selbständig bewältigen können. Beginnen Sie damit, sie in den Entscheidungsprozess einzubeziehen. Setzen Sie beispielsweise gemeinsam Grenzen und besprechen Sie, warum diese Grenzen wichtig sind. Wenn Kinder älter werden, helfen Sie ihnen zu erkennen, wann sich die Bildschirmzeit negativ auf ihre Stimmung oder Produktivität auswirkt. Ermutigen Sie sie, Pausen einzulegen, wenn sie sich überfordert oder ausgelaugt fühlen.

Die Koexistenz mit der Technologie bedeutet nicht, sie gänzlich zu verbieten – es geht darum, ein Gleichgewicht zu finden, das für die Familie funktioniert. Wenn Kinder lernen, verantwortungsvoll mit Bildschirmen umzugehen, erwerben sie wertvolle Fähigkeiten für die Zukunft, wie zum Beispiel Zeitmanagement und digitale Kompetenz. Indem Sie eine gesündere Beziehung zur Technologie fördern, reduzieren Sie nicht nur deren negative Auswirkungen, sondern befähigen Ihr Kind auch, in einer Welt voller Ablenkungen durchdachte, bewusste Entscheidungen zu treffen. Dieses Gleichgewicht stellt sicher, dass Bildschirme zu einem Werkzeug für Wachstum und nicht zu einem Hindernis für ein erfülltes Leben werden.

Abschluss

Wie wir eine gesündere Generation gestalten können

Die Erziehung einer gesünderen und glücklicheren Generation von Kindern ist nicht etwas, was Eltern alleine schaffen können. Es handelt sich um eine gemeinsame Verantwortung, die Maßnahmen aus allen Teilen der Gesellschaft erfordert. Schulen, Gemeinden, politische Entscheidungsträger und Gesundheitssysteme spielen alle eine Rolle bei der Schaffung eines Umfelds, in dem sich Kinder emotional, geistig und sozial entfalten können.

Wenn wir zusammenarbeiten, können wir die Teufelskreise durchbrechen, die so vielen Kindern Probleme bereiten, und ihnen helfen, sich zu widerstandsfähigen, selbstbewussten Menschen zu entwickeln. Dabei geht es nicht darum, alles über Nacht zu überarbeiten. Kleine, absichtliche Änderungen in den Systemen, die das Leben von Kindern betreffen, können einen großen Unterschied machen.

Jennifer R. Greger

Schulen als Partner für das Wohlbefinden

Schulen sind nach dem Zuhause einer der einflussreichsten Orte im Leben eines Kindes. Sie sind nicht nur Orte des akademischen Lernens – sie sind der Ort, an dem Kinder Beziehungen knüpfen, soziale Fähigkeiten entwickeln und ihr Potenzial ausschöpfen können. Schulen können eine entscheidende Rolle bei der Förderung der geistigen und emotionalen Gesundheit von Kindern spielen, indem sie eine Kultur fördern, in der neben schulischen Leistungen auch das Wohlbefinden im Vordergrund steht.

Eine Möglichkeit, wie Schulen helfen können, besteht darin, der Aufklärung über psychische Gesundheit Vorrang einzuräumen. Indem man Kindern Emotionen, Stressbewältigung und gesunde Bewältigungsstrategien beibringt, erhalten sie Werkzeuge, die sie ein Leben lang tragen werden. Schulen können auch sicherstellen, dass Berater und Fachkräfte für psychische Gesundheit für Schüler erreichbar sind, die Unterstützung benötigen. Jemanden zum Reden in der Schule zu haben, kann für ein Kind, das sich überfordert oder missverstanden fühlt, den entscheidenden Unterschied machen.

Über die psychische Gesundheit hinaus können sich Schulen auf die Reduzierung von Stress konzentrieren, der durch übermäßigen schulischen Druck verursacht wird. Das bedeutet nicht, die Erwartungen zu senken, aber es bedeutet, einen ausgewogeneren Lernansatz zu fördern. Durch die Betonung von Kreativität, Zusammenarbeit und Fähigkeiten zur Problemlösung anstelle von

Auswendiglernen und anspruchsvollen Tests entsteht eine Umgebung, in der Kinder Freude am Lernen haben, ohne sich ständig beurteilt zu fühlen.

Gemeinschaften als Unterstützungssystem

Eine starke, vernetzte Gemeinschaft kann als Sicherheitsnetz für Kinder und ihre Familien dienen. Gemeinschaften, die zusammenkommen, um das Wohlergehen von Kindern zu unterstützen, können Möglichkeiten für Kinder schaffen, auf sinnvolle Weise zu lernen, zu wachsen und Kontakte zu knüpfen.

Gemeindezentren, Bibliotheken und außerschulische Programme bieten Kindern sichere Räume, in denen sie ihre Interessen erkunden, Gleichaltrige treffen und Fähigkeiten außerhalb des Klassenzimmers entwickeln können. Diese Programme können besonders für Familien wertvoll sein, die möglicherweise nicht über die Mittel verfügen, selbst außerschulische Aktivitäten anzubieten.

Gemeinschaften können auch die Verbindung fördern, indem sie Möglichkeiten für generationsübergreifende Interaktionen schaffen. Wenn Kinder die Chance haben, von älteren Erwachsenen zu lernen – sei es durch Mentoring-Programme, ehrenamtliche Arbeit oder einfach Zeit mit den Großeltern –, gewinnen sie wertvolle Perspektiven und verspüren ein tieferes Zugehörigkeitsgefühl.

Jennifer R. Greger

Politische Entscheidungsträger und systemischer Wandel

Um dauerhafte Veränderungen herbeizuführen, brauchen wir Richtlinien, die das Wohlergehen von Kindern und Familien in den Vordergrund stellen. Politische Entscheidungsträger haben die Macht, systemische Probleme anzugehen, die zu den Herausforderungen beitragen, mit denen Kinder konfrontiert sind, von der Bildungsfinanzierung bis zum Zugang zur Gesundheitsversorgung.

Zunächst einmal muss die Finanzierung psychiatrischer Dienste Priorität haben. Vielen Kindern fehlt der Zugang zu der Unterstützung, die sie brauchen, einfach weil es in ihren Schulen oder Gemeinden nicht genügend Ressourcen gibt. Eine Erhöhung der Mittel für Schulberater, psychiatrische Kliniken und Schulungsprogramme für Pädagogen kann dazu beitragen, diese Lücke zu schließen.

Richtlinien, die die Vereinbarkeit von Beruf und Privatleben für Eltern fördern, spielen auch eine entscheidende Rolle bei der Unterstützung von Kindern. Wenn Eltern Zugang zu bezahltem Familienurlaub, flexiblen Arbeitszeiten und erschwinglicher Kinderbetreuung haben, sind sie besser gerüstet, ihren Kindern die Aufmerksamkeit und Stabilität zu bieten, die sie brauchen. Diese Maßnahmen kommen nicht nur den Familien zugute, sie stärken auch die Gemeinschaft und die Wirtschaft als Ganzes.

Als Gesellschaft müssen wir auch überdenken, was wir wertschätzen und wie wir Erfolg definieren. Der unermüdliche Drang von Kindern, schneller mehr zu erreichen, belastet ihre geistige Gesundheit. Es ist an der Zeit, die Erzählung von ständiger Leistung auf persönliches Wachstum umzustellen, von externer Bestätigung auf interne Erfüllung.

Diese Veränderung beginnt mit den Nachrichten, die Kinder von den Erwachsenen um sie herum erhalten. Lehrer, Trainer und Gemeindevorsteher können Einsatz, Neugier und Freundlichkeit über Noten, Trophäen und Auszeichnungen stellen. Indem wir das ganze Kind würdigen – nicht nur seine Leistungen – zeigen wir Kindern, dass sie für das wertgeschätzt werden, was sie sind, und nicht nur für das, was sie tun.

Die Schaffung einer gesünderen Generation erfordert eine gemeinsame Anstrengung. Es geht darum, dass sich jeder von uns fragt: „Was kann ich tun, um die Kinder in meinem Leben zu unterstützen?" Vielleicht geht es darum, sich ehrenamtlich in einem außerschulischen Programm vor Ort zu engagieren, sich für Ressourcen zur psychischen Gesundheit in Schulen einzusetzen oder einfach ein positives Vorbild zu sein. Wenn wir alle zusammenarbeiten, ergeben diese kleinen Maßnahmen eine große Wirkung.

Die Herausforderungen, mit denen Kinder heute konfrontiert sind, sind groß, aber nicht unüberwindbar. Mit den richtigen Unterstützungssystemen können Kinder lernen, den Druck des modernen Lebens selbstbewusst und belastbar zu meistern. Und wenn wir ihr Wohlergehen in den Vordergrund stellen, fördern wir nicht nur gesündere Kinder, sondern schaffen eine bessere Zukunft für alle.

Der Weg nach vorne ist klar: zusammenarbeiten, auf die Bedürfnisse von Kindern und Familien hören und eine Gesellschaft aufbauen, die ihr Potenzial fördert. Eine gesündere Generation ist in unserer Reichweite, und das beginnt mit den Maßnahmen, die wir heute ergreifen.

Der Weg zur Erziehung gesünderer und glücklicherer Kinder beginnt bei Ihnen. Aus diesem Grund haben wir eine eingefügt *Selbstpflegeplaner für Eltern* als **Geschenk** um Ihnen dabei zu helfen, Ihrem Wohlbefinden Priorität einzuräumen. Indem Sie auf sich selbst achten, legen Sie den Grundstein für eine stärkere, vernetztere Familie und eine gesündere Generation

Bitte hinterlassen Sie eine kurze Rezension/Bewertung

Wenn Sie dieses Buch hilfreich fanden, würden wir uns sehr freuen, wenn Sie sich einen Moment Zeit nehmen und eine Rezension auf Amazon hinterlassen würden. Ihr Feedback hilft anderen, dieses Buch zu finden, und macht einen echten Unterschied bei der Verbreitung des Buches.

Vielen Dank für Ihre Unterstützung!

Vergessen Sie nicht, Ihr Geschenk einzufordern ...

Holen Sie sich hier Ihr kostenloses Geschenk

Einfach **Scannen Sie den QR-Code oben, um Ihren Self-Care-Planer für Eltern zu erhalten**.

Nutzen Sie es, um in Ihrem geschäftigen Leben zu reflektieren, neue Kraft zu tanken und ein Gleichgewicht zu schaffen. Für sich selbst zu sorgen ist eines der wirkungsvollsten Dinge, die Sie für Ihre Familie tun können.

Schlechte Therapie, gebrochene Kinder